小学数学
学业评价标准

（实验稿）

人民教育出版社　课程教材研究所 ｜ 研制
小学数学课程教材研究开发中心

人民教育出版社

图书在版编目（CIP）数据

小学数学学业评价标准：实验稿 / 人民教育出版社课程教材研究所小学数学课程教材研究开发中心研制. —北京：人民教育出版社，2015.11（2023.9重印）
  ISBN 978-7-107-31150-5

Ⅰ.①小… Ⅱ.①人… Ⅲ.①小学数学课—教学参考资料 Ⅳ.①G623.503

中国版本图书馆 CIP 数据核字（2016）第 028733 号

小学数学学业评价标准（实验稿）

出版发行　**人民教育出版社**
　　　　　（北京市海淀区中关村南大街 17 号院 1 号楼　邮编：100081）
网　　址　http://www.pep.com.cn
经　　销　全国新华书店
印　　刷　北京天宇星印刷厂
版　　次　2015 年 11 月第 1 版
印　　次　2023 年 9 月第 6 次印刷
开　　本　787 毫米×1092 毫米　1/16
印　　张　9.25
字　　数　162 千字
定　　价　15.70 元

版权所有·未经许可不得采用任何方式擅自复制或使用本产品任何部分·违者必究
如发现内容质量问题、印装质量问题，请与本社联系。电话：400-810-5788

本书为国家社会科学基金"十一五"规划（教育学科）国家级课题"中小学生学科学业评价标准的研究与开发"（课题批准号：BHA060030）成果

总课题负责人：徐　岩
子课题负责人：卢　江　张　华
子课题组主要成员（按汉语拼音顺序排列）：
　　　　　丁国忠　董惠平　刘福林
　　　　　刘　丽　陶雪鹤　王永春
　　　　　熊　华　袁玉霞　赵中华
　　　　　周小川

目 录

1 第一部分 前言 /1
一、学业评价的基本理念 /1
二、学业评价标准的构建原则 /2
三、学业评价标准的设计思路与结构 /3
四、学业评价标准使用建议 /4

2 第二部分 小学数学学业评价的方法 /5
一、纸笔测验 /5
二、内容分析法 /5
三、观察法 /6
四、档案袋评价法 /6
五、问卷调查法 /7

3 第三部分 小学数学学业评价标准 /8
一、第一学段评价标准的具体分析及使用建议 /8
  （一）"数与代数"维度（M1A）/8
  （二）"图形与几何"维度（M1G）/19
  （三）"统计与概率"维度（M1S）/26
  （四）"综合与实践"维度(M1Ap) /27
二、第二学段评价标准的具体分析及使用建议 /30
  （一）"数与代数"维度（M2A）/30
  （二）"图形与几何"维度（M2G）/39
  （三）"统计与概率"维度（M2S）/50
  （四）"综合与实践"维度(M2Ap) /55
三、数学学习的情感和态度评价标准说明 /57

4 第四部分 小学数学学业评价方法样例 /58
一、纸笔测验样例 /58
  （一）第一学段纸笔测验样例 /58
    第一学段纸笔测验样卷1 /58
    第一学段纸笔测验样卷2 /71

（二）第二学段纸笔测验样例 /82

　　第二学段纸笔测验样卷 1 /82

　　第二学段纸笔测验样卷 2 /93

二、综合与实践评价样例 /105

　（一）第一学段综合与实践评价样例 /105

　　第一学段评价样例 1　小小设计师 /105

　　第一学段评价样例 2　今天我做小会计 /112

　（二）第二学段综合与实践评价样例 /119

　　第二学段评价样例 1　一次性筷子与大树 /119

　　第二学段评价样例 2　设计包装盒 /125

三、情感与态度评价样例 /131

　学生数学情感与态度问卷（教师版）/131

　学生数学情感与态度问卷（学生版）/134

四、课堂观察评价样例 /137

五、学生作业评注样例 /139

第一部分 前 言

为进一步推进基础教育课程教学改革，切实体现课程标准的基本理念和课程目标，准确落实课程标准的内容标准，提高教学质量，促进学生素质全面发展，依据《义务教育数学课程标准（2011年版）》（以下简称"课程标准"）制定《小学数学学业评价标准（实验稿）》（以下简称"学业评价标准"）。

学业评价标准是对学生在不同学段所应达到的学业成就（学习结果）的描述，阐明学生在经过一定时间的学习后应该知道什么、能够做什么（表现标准），以及通过什么方法（评价方法建议）获得哪些证据（学生活动或作业），来判断学生是否达到了课程标准的要求。学业评价标准是针对所有学生提出的合格标准，是学生经过努力可以达到的标准。

学业评价标准的研制以课程标准为依据，一方面对课程标准的内容标准进行细化和精确化，另一方面增加了评价学生学习情况的评价方法建议和评价样例。学业评价标准与课程标准共同指导教学与评价。

学业评价标准的建立有助于教师遵循课程标准进行教学与评价；有利于提高日常学生评价的效度和信度，从而为教师和学生提供更有效的反馈信息；有利于改进高利害考试，使考试命题更有利于日常教学；为国家基础教育质量监测系统提供基础。

一、学业评价的基本理念

学业评价是指通过各种方法测量学生在学校课程上所取得的学业成就（包括知识、技能、能力、情感态度），是达成课程目标的重要手段。学业评价的根本目的与核心是促进学生的发展。实施学业评价，应具有如下基本理念。

1. 学业评价的主要功能是为教师和学生提供有效的反馈信息，从而改善教与学的过程和方法。学业评价应淡化甄别、选拔功能。

2. 学业评价是标准参照的评价，是将学生的表现与课程标准相比较，衡量学生是否达到了课程标准，不是在学生之间进行横向比较。

3. 学业评价应尊重学生差异，激发学生潜能，促进每个学生在达到共同要求基础上有个性的发展。引导学生自评与互评，促进学生元认知能力的提高及学习策略的优化。

4. 全面评价学生的多方面素质，既要准确评价学生的基本知识和基本技能，也要重视评价学生的数学认知能力（如探究能力以及在真实情境中应用知识解决问题的能力）和情感态度；既要关注学习结果也要关注学习过程，如学习风格、学习策略、学习动机、学习兴趣等。

5. 评价与教学整合，使评价融于教学过程之中，为教学提供支持，促进学生的学习。体现真实评价、情境化评价的取向，采用多种表现性评价方法，而非局限于纸笔测验。

二、学业评价标准的构建原则

1. 公平性原则

本学业评价标准的构建遵循公平性原则。义务教育数学课程的实施主要依托课程标准进行。课程标准中明确规定了第一学段、第二学段的教学目标，各套教材均依据此学段目标进行编写。这种课程实施路径使小学数学教学具有基本相同的学段目标。但是，各套教材在各学段内的内容安排会有所不同，体现了各自教材的编写思路和特色。由此会导致同一年级的教材因版本不同在内容选择和进度安排上会有所差异。在这种情况下，如果研发每个年级数学学业评价标准难免有所偏漏，不能客观监测使用不同版本教材的学生数学学习的信息。为了遵循评价的客观、公平原则，本研究以课程标准为依据，评价的内容紧紧围绕课程标准的教学目标设置，评价的学段与课程标准的划分保持一致，即分为第一学段评价标准和第二学段评价标准。

2. 可操作性原则

本学业评价标准的构建注重可操作性原则。研发学业评价标准的主要目的是使一线教师及教研人员能及时掌握学生数学学习的真实情况，从而有效地指导教学实践。因此，实施评价的操作性是本评价标准体系必须重视的问题。已有经验表明，如果评价内容过于繁杂，评价过程不易操作，结果解释晦涩难懂，无论多么完满的评价体系都不会有长久的生命力。鉴于此，在研发评价标准时，每一项标准的设置都应具有可操作性。首先，评价内容要明确，让评价者有的放矢；其次，针对每项评价内容提示基本的评价方法，并对主要的方法进行样例说明，让评价者能够按照相关的提示完成评价；最后，对可能出现的评价结果进行详细阐述，使评价者能够快捷地对学生的反应作出恰当的分析与判断。

3. 多元化取向原则

本学业评价标准的构建强调多元化取向原则,除对数学基本概念、必备数学技能进行测查外,还将尽可能体现真实评价、情境化评价的取向,特别重视评价学生在真实情境中应用所学数学知识解决问题的能力。此外,评价标准的设置还将体现评价与教学整合的取向,使评价融于教学过程之中,为教学提供支持,促进学生的数学学习。

三、学业评价标准的设计思路与结构

本学业评价标准由三个部分构成:目标解析、评价方法、评价样例。

1. 目标解析

目标解析是根据课程标准将教学目标进行细化,描述学生知道什么和能够做什么。分为学科内容知识、数学认知能力、实践活动与综合应用、情感与态度、学生日常数学学习行为等方面。根据评价目标数学认知能力维度又设置了知道、理解、应用三个子维度。这三个子维度的含义如下。

知道,主要指能够通过记忆恢复所学习的数学概念、符号、术语、规则和定律等基本知识;了解或能够举例说明对象的有关特征;能从具体情境中辨认出要识别的对象。

理解,主要指能够抓住数学概念的关键、本质特征并明确其适用范围;理解概念与表征之间的关系;明确概念之间的区别和联系;运用理解的概念和规则完成指定的数学任务等。

应用,主要指在理解数学概念、规则的基础上,综合运用所学知识,选择恰当的方法与策略解决一些真实生活情境中的数学问题。

2. 评价方法

介绍常用的评价方法,并根据所要评价的表现标准,给教师提出相应的评价方法建议,如纸笔测验、内容分析法、档案袋评价法、调查问卷法、观察法等。

3. 评价样例

对应所要评价的维度提供某种评价方法的具体示例与说明。有的评价维度还有针对性地提供了学生作品并结合学生作品对评价规则进行了解释。

四、学业评价标准使用建议

1. 本学业评价标准是对课程标准中教学目标的细化、补充与拓展，建议该标准与课程标准配合使用。

2. 评价学生是否达到教学要求，应根据评价内容采用适当的评价方法，提倡评价与教学相结合。

3. 应分阶段实施对学生数学学业水平的评价，即应在小学的三年级和六年级下学期期末，分别对学生数学学习成果进行评价。本研究亦分别提供了在两个阶段进行评价时所需要的各种评价方法与工具的样例。

4. 本学业评价标准中的评价样例在一定范围内进行过试测、试用，证明在这些地区和学校可行。教师根据本校本班学生实际，可以直接使用这些评价样例，也可以仿照样例开发新的评价项目。

5. 本学业评价标准作为课题研究的成果还有值得进一步深入讨论的问题及不完善之处，教师在不违背课程标准和学业评价标准基本理念的前提下可以根据教学实际灵活使用本标准。

第二部分 小学数学学业评价的方法

促进学生的发展是对学生进行学业评价的主要目的。构建多维度、多层次的小学数学学业评价体系是本研究的核心目标。本研究采用了一系列评价方法，旨在对学生掌握数学知识的情况、数学认知能力、数学学习的日常行为以及情感态度等学业表现进行全方位、多角度的评价，客观地监测学生数学学业水平，为数学教学提供有效的反馈信息。

根据评价内容的不同，本研究提出了评价方法的具体建议。例如，针对知识和技能，建议主要采用纸笔测验、日常观察、档案袋评价等方法；针对综合与实践，建议采用日常观察、内容分析以及档案袋评价等方法；针对情感与态度，建议主要采用日常观察、问卷调查等方法。下面介绍本研究采用的几种主要的评价方法。

一、纸笔测验

纸笔测验的评价方法主要用于对学生所掌握的数学基本知识和基本技能的测查。纸笔测验作为最常用的学业评价方式之一，因其评价的快捷性和客观性一直被广泛采用。在提倡多元化评价的同时，充分利用传统的纸笔测验，测评学生对重要概念、基本原理和基础知识的理解和掌握，仍然是必要的。本研究的纸笔测验与传统纸笔测验的评价理念有所不同，在评价目标上更为细化、明确，力图通过测题就能够了解学生具体达到了哪些目标，题目设置更侧重于评价学生解决问题的过程与方法。

二、内容分析法

内容分析法是对各种材料与记录的内容、形式、含义及其重要性进行客观、系统和数量化描述的一种研究方法。本研究运用该方法对学生作业与"综合与实践"活动方案进行评价。

数学作业是学生日常学习成果的主要表现，但是传统的作业评价仅仅是对错判断，不利于对学生学习过程和成果的总体把握。本研究通过所提供的"作业评注样例"，提示教师应对学生作业进行更为细致的评价，例如，要注明该作业在知识技能、数学能力等评价维度上的要求，并对学生完成作业的总体情况进行评价。

"综合与实践"活动设计方案也是本研究关注的重要内容之一。本研究研制了四个活动方案以考察学生数学学业水平。实施设计方案的具体过程为：学生小组合作完成活动—报告活动设计方案—对完成活动的情况进行评价。通过这些步骤可以了解学生数学实践、综合应用、数学表达以及自我评价与反思的能力。方案报告的形式弥补了传统评价方式的不足，能够对学生数学思考以及完成数学活动的过程进行较好的评价。

三、观察法

观察法评价主要是指在自然的数学课堂教学中，由教师通过特定的教学任务，对学生的学习行为进行有目的、有计划的系统观察和记录，然后对观察情况进行分析，从而判定其对数学知识和技能的掌握情况、用数学解决问题的能力和数学思维的发展情况。

本研究对学生数学课堂学习行为的观察，主要从课堂参与、合作与交流、数学工具使用以及批判性思考四个维度进行。为此，本研究编制了"课堂观察记录卡"，以期为教师更好地了解并记录学生的学习行为提供一种长期有效的工具。

四、档案袋评价法

档案袋评价法是教师依据教学目标有计划地请学生持续一段时间主动收集、组织、反思和评价学习成果的档案，以评定其努力、进步、成长情况的一种评价方法。有关小学数学学习的档案袋评价法的一般步骤是：（1）按要求收集材料。教师提出明确的收集某一课题材料的要求，学生根据要求收集相关材料，或者将自己按要求完成的作品收入档案袋中。（2）交流与解释。让学生小组合作进行交流，展示并解释各自收集或完成某一课题的材料或作品。（3）总结与评价。教师以及学生之间针对所收集的材料或作品进行评价，记录或报告受评价学生的学习成就，回顾和反思所经历的学习或教学过程。

五、问卷调查法

问卷调查法是调查者运用问卷向调查对象了解情况或征询意见的调查方法。本研究主要运用问卷调查的方法来对学生数学学习的情感与态度发展情况进行评价。

数学学习情感与态度是课程标准的重要目标维度之一,本研究编制了《数学学习情感与态度的调查问卷》,对学生数学学习的情感与态度进行考察。考虑到"情感与态度"是内隐的心理特征,因此本研究将问卷分为"学生自评版"和"教师评价版",将学生自我报告的自评结果与教师评价的结果相结合,从不同的视角对学生数学学习的情感与态度进行更为确切的评价。

第三部分　小学数学学业评价标准

一、第一学段评价标准的具体分析及使用建议

（一）"数与代数"维度（M1A）

1."数与代数"评价标准设置

表1：第一学段"数与代数"评价标准一览表

学科内容			能力		
			知道	理解	应用
数与代数 M1A	数的认识 M1A_N	自然数（万以内的数）			√
		分数	√		
		小数	√		
		十进制	√		
	数的运算 M1A_C	自然数 四则运算的意义		√	
		20以内的加减法			√
		百以内的加减法			√
		万以内的加减法			√
		表内乘除法			√
		一位数乘三位数的乘法			√
		两位数乘两位数的乘法			√
		三位数除以一位数的除法			√
		四则混合运算			√
		估算			√
		分数 同分母分数加减法（分母小于10）	√		
		小数 一位小数的加减法	√		

续表

学科内容			能力		
			知道	理解	应用
数与代数 M1A	常见的量 M1A_M	元、角、分			√
		时、分、秒			√
		24时记时法	√		
		年、月、日		√	
		克、千克、吨			√
	探索规律 M1A_P	探索简单的变化规律		√	

2. "数与代数"（M1A）评价标准说明

M1A_N 数的认识

M1A_N1 应用"万以内的数"

解析：能够理解万以内基数、序数、数序的含义；能够用">""<"或"＝"表示和用词语描述万以内数的大小；能认、读、写万以内的数；能够说出各数位的名称，识别各数位上数字的意义；能够理解较大数的意义；认识近似数；能够结合具体情境进行简单的数量估计；能够用具体的数表示物体的个数或事物的顺序和位置，并能用数与他人进行交流。

评价方法：纸笔测验［参见样例M1A_N1_E1］、日常观察［参见样例M1A_N1_E2］、档案袋评价等方法。

［样例M1A_N1_E1］将下面各数中5表示的含义写在（　　）里。

　　　　　5　　　53　　　531　　　5678
　　　　（　）　（　）　（　）　（　）

［样例M1A_N1_E2］了解学生能否恰当地运用数表示生活中的事物。

M1A_N2 知道"分数"

解析：认识几分之一和几分之几；会读、写简单的分数；知道分数各部分的名称；初步认识分数的大小。

评价方法：纸笔测验［参见样例M1A_N2_E1］、日常观察、档案袋评价［参见样例M1A_N2_E2］等方法。

［样例M1A_N2_E1］用分数表示出右图的涂色部分。

[样例M1A_N2_E2] 将学生根据图示写出的分数以及分数用图示表示出来的作品收集起来，每份作品都需根据完成的情况给出评价，错误之处在旁边改正过来，说明错误的原因。

看分数，涂颜色。

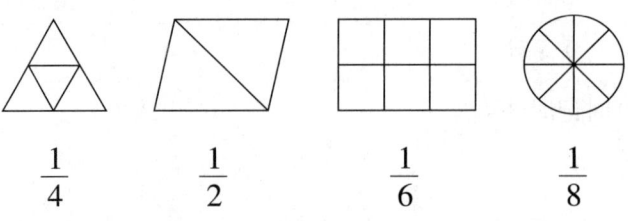

$\dfrac{1}{4}$　　　　$\dfrac{1}{2}$　　　　$\dfrac{1}{6}$　　　　$\dfrac{1}{8}$

用分数表示图中涂色部分。

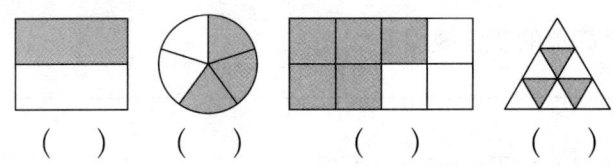

（　　）　（　　）　（　　）　（　　）

M1A_N3 知道"小数"

解析：初步了解小数的含义；认、读、写小数；会比较一位、两位小数的大小。

评价方法：可用纸笔测验［参见样例M1A_N3_E1］、日常观察、档案袋评价［参见样例M1A_N3_E2］等方法。

［样例M1A_N3_E1］ 7.8元中，7表示（　　　），8表示（　　　）。

［样例M1A_N3_E2］ 在"小数的初步认识"教学中，要求学生收集日常生活中需要用小数表示的实际例子，并适时让同学们互相交流自己档案袋中的成果，选择一些例子说明小数表示的实际含义。

M1A_N4 知道"十进制"

解析：认识计数单位"个、十、百、千、万"，识别各数位上的数字的意义；知道相邻两个计数单位之间的十进关系，初步了解十进制。

评价方法：可用纸笔测验［参见样例M1A_N4_E］、日常观察等评价方法。

［样例M1A_N4_E］ 10个1000是_____。

　　A. 100　　B. 1000　　C. 10000　　D. 100000

M1A_C 数的运算

M1A_C1 理解"四则运算的意义"

解析：知道四则运算的术语（如被除数、除数、余数等）、规则（如加、减、乘、除法的计算方法）；理解四则运算的含义和算理。

评价方法：可用纸笔测验［参见样例 M1A_C1_E1］、日常观察［参见样例 M1A_C1_E2］、档案袋评价等方法。

［样例 M1A_C1_E1］在____上填上合适的文字。

在 73－25＝48 中，73 是____，25 是____，48 是____。

［样例 M1A_C1_E2］课堂上，提出简单的需要用四则运算解决的问题，观察学生是否可以比较快地说出算式。

例如："要想知道 260 与 300 的和是多少，怎样计算？"

又如："怎么求出 125 是 5 的多少倍？"

M1A_C2 应用"20 以内的加减法"

解析：能熟练地进行 20 以内的加减法口算，能应用 20 以内的加减法解决生活中的简单问题，初步感知数学与日常生活的密切联系。

评价方法：可用纸笔测验［参见样例 M1A_C2_E1］、日常观察［参见样例 M1A_C2_E2］、档案袋评价等方法。

［样例 M1A_C2_E1］看谁能在 1 分钟的时间内算完、算对。

$4＋9＝$　　　　$9＋8＝$　　　　$14－8＝$　　　　$11－6＝$

$15－6＝$　　　　$16－9＝$　　　　$7＋5＝$　　　　$8＋7＝$

［样例 M1A_C2_E2］课堂上，当提出直接用 20 以内的加减法解决的问题时，要求学生迅速算出结果，并对结果进行解释。

例如："小明口算对了 11 题，小平对了 9 题，小明比小平多算对几题？谁的口算成绩好？"

M1A_C3 应用"百以内的加减法"

解析：能口算百以内整十数加、减整十数，两位数加、减一位数和整十数；会计算百以内的两位数加、减两位数，会计算加、减两步式题；能与他人交流算法；能运用百以内的加减法解决生活中的一些简单问题。

评价方法：可用纸笔测验［参见样例 M1A_C3_E1、M1A_C3_E2］、日常观察、档案袋评价［参见样例 M1A_C3_E3］等方法。

［样例 M1A_C3_E1］在○里填上合适的符号。

$47－20○30$　　　　$55○8＞62$　　　　$36－9○27$

［样例 M1A_C3_E2］赵叔叔想知道自己养的花猫有多重，他先称了自己的体重是 69 千克，再抱着花猫一起称是 72 千克，你知道赵叔叔的花猫有多重吗？

［样例 M1A_C3_E3］在"100 以内的加法和减法"教学中，要求学生收集日常生活中需要用 100 以内的加法或减法解决的问题，并且随着学习的进展尝

试解决这些问题，记录解决的方法和时间。在该部分内容学习结束前，让同学们小组合作展示、交流自己档案袋中的成果。

M1A_C4 应用"万以内的加减法"

解析：能口算两位数加、减两位数，整百、整千数加、减整百、整千数；会计算三位数加、减三位数；会对加减法进行验算；能结合情境进行加减法的估算，并解释估算的过程；能运用万以内的加减法解决生活中的一些简单问题。

评价方法：可用纸笔测验［参见样例M1A_C4_E1、M1A_C4_E2］、日常观察、档案袋评价［参见样例M1A_C4_E3］等方法。

[样例M1A_C4_E1] 用竖式计算下面各题。

　　　　427 + 386 =　　　　1315 – 468 =　　　　706 – 614 + 159 =

[样例M1A_C4_E2] 王明和赵帅进行一场拍球比赛，这场比赛分四轮，谁得的总分高谁赢。下面是他们四轮比赛的得分情况，他俩谁赢？大约赢了多少分？

	王明/分	赵帅/分
第1轮	115	110
第2轮	135	135
第3轮	140	120
第4轮	50	150

[样例M1A_C4_E3] 在"万以内的加减法"教学中，要求学生收集日常生活中需要用万以内的加法或减法解决的问题，并且随着学习的进展尝试解决这些问题，记录解决的方法和时间。在该部分内容学习结束前，让同学们小组合作展示、交流自己档案袋中的成果。

M1A_C5 应用"表内乘除法"

解析：能熟练地进行表内乘除法口算；会利用表内乘除法解决简单的实际问题。

评价方法：可用纸笔测验［参见样例M1A_C5_E1、M1A_C5_E2］、日常观察［参见样例M1A_C5_E3］、档案袋评价等方法。

[样例M1A_C5_E1] 看谁能在1分钟的时间内算完、算对。

　　　　4×7 =　　72÷8 =　　3×6 =　　20÷4 =　　27÷3 =
　　　　30÷5 =　　7×6 =　　32÷8 =　　8×7 =　　9×6 =

[样例M1A_C5_E2] 下面是一个停车场的收费信息，根据这些信息，你知

道这个停车场停车1小时应付多少元吗？

停车时间/时	收费/元
2	10
3	15
6	30
8	40

[样例M1A_C5_E3] 课堂上，当提出直接用表内乘除法解决的问题时，要求学生迅速算出结果，并对结果进行解释。

例如："5个6是多少？你是怎么想的？"

又如："把全班36名同学分成4人一组的学习小组，可以分成几组？如果分成6组，平均每组几人？为什么？"

M1A_C6 应用"一位数乘三位数的乘法"

解析：能口算一位数乘整十、整百数；掌握一位数乘三位数的计算方法；能运用一位数乘三位数的乘法解决简单的实际问题。

评价方法：可用纸笔测验[参见样例M1A_C6_E1、M1A_C6_E2]、日常观察、档案袋评价[参加样例M1A_C6_E3]等方法。

[样例M1A_C6_E1] 口算。

$60 \times 3 =$　　　　$5 \times 500 =$　　　　$40 \times 4 =$
$300 \times 2 =$　　　$60 \times 6 =$　　　　$2 \times 500 =$
$80 \times 2 =$　　　　$900 \times 9 =$　　　$50 \times 8 =$

[样例M1A_C6_E2] 小平和妈妈回老家探亲，从北京坐了5小时的火车到老家，火车平均每小时行驶135千米，从北京到小平的老家一共多少千米？

[样例M1A_C6_E3] 在"一位数乘三位数的乘法"教学中，要求学生收集日常生活中需要用一位数乘三位数的乘法解决的问题，并且随着学习的进展尝试解决这些问题，记录解决的方法和时间。在该部分内容学习结束前，让同学们小组合作展示、交流自己档案袋中的成果。

M1A_C7 应用"两位数乘两位数的乘法"

解析：能口算整十数乘整十数、两位数乘一位数（不进位）及相应的两位数乘整十数；掌握两位数乘两位数的计算方法；能运用两位数乘两位数的乘法解决简单的实际问题。

评价方法：可用纸笔测验[参见样例M1A_C7_E1、M1A_C7_E2]、日常观察、档案袋评价[参见样例M1A_C7_E3]等方法。

[样例M1A_C7_E1] 口算。

$60 \times 50 =$　　　　$24 \times 2 =$　　　　$12 \times 30 =$

$80 \times 90 =$　　　　$20 \times 90 =$　　　　$34 \times 20 =$

[样例M1A_C7_E2] 第二十届世界杯足球赛有32支球队参赛，每支球队有23名运动员，一共有多少名运动员参加足球赛？

[样例M1A_C7_E3] 在"两位数乘两位数的乘法"教学中，要求学生收集日常生活中需要用两位数乘两位数的乘法解决的问题，并且随着学习的进展尝试解决这些问题，记录解决的方法和时间。在该部分内容学习结束前，让同学们小组合作展示、交流自己档案袋中的成果。

M1A_C8 应用"三位数除以一位数的除法"

解析：能口算一位数除商是整十、整百、整千的数，掌握三位数除以一位数的计算方法；会用乘法验算除法；能运用所学过的除法解决简单的实际问题。

评价方法：可用纸笔测验[参见样例M1A_C8_E1、M1A_C8_E2]、日常观察、档案袋评价[参见样例M1A_C8_E3]等方法。

[样例M1A_C8_E1] 计算下面各题并验算。

$672 \div 5 =$　　　　$276 \div 9 =$　　　　$723 \div 7 =$

[样例M1A_C8_E2] 王阿姨8分钟打了1008个字，她平均每分钟打多少个字？

[样例M1A_C8_E3] 在"三位数除以一位数的除法"教学中，要求学生收集日常生活中需要用三位数除以一位数的除法解决的问题，并且随着学习的进展尝试解决这些问题，记录解决的方法和时间。在该部分内容学习结束前，让同学们小组合作展示、交流自己档案袋中的成果。

M1A_C9 应用"四则混合运算"

解析：能进行连加、连减、加减、连乘、连除、乘除同级两步运算以及乘加、乘减、除加、除减两步运算，并能解决相应的简单实际问题。

评价方法：可用纸笔测验[参见样例M1A_C9_E1、M1A_C9_E2]、日常观察[参见样例M1A_C9_E3]、档案袋评价等方法。

[样例M1A_C9_E1] 计算下面各题。

$75 - 6 \times 8 =$　　　　$75 - 8 - 40 =$　　　　$63 \div (36 - 27) =$

$81 \div 9 + 43 =$　　　　$180 \div 3 \div 10 =$　　　　$12 \times 8 \div 4 =$

[样例M1A_C9_E2] 下图是一个电影放映厅的座位分布图，请计算一下一共有多少个座位。

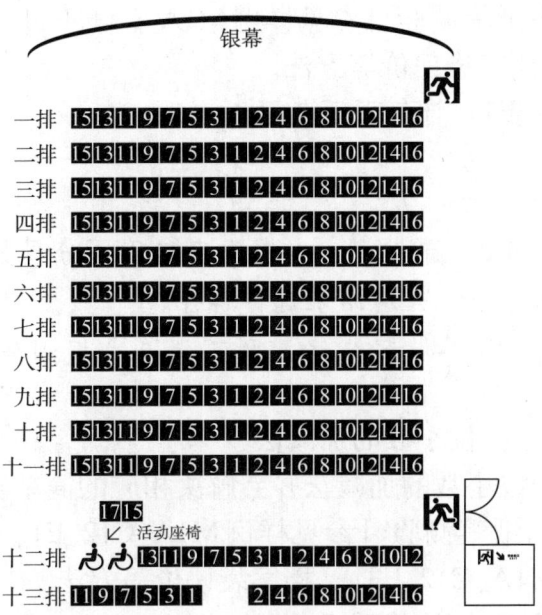

[样例M1A_C9_E3] 课堂上，在学生做完四则混合运算的题目以后，让学生说说运算的顺序；在列综合算式解决问题时，让学生解释列式的理由。

M1A_C10 应用"估算"

解析：初步了解估算的作用，能根据具体情境进行估算，并说明估算的思路。

评价方法：可用纸笔测验［参见样例M1A_C10_E1］、日常观察［参见样例M1A_C10_E2］、档案袋评价等方法。

[样例M1A_C10_E1] 妈妈要买下面两件商品，至少要带多少钱？

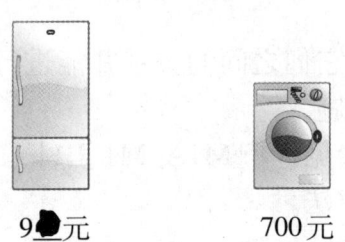

9□元　　　　　700元

A. 1600元　　B. 1700元　　C. 790元　　D. 1650元

[样例M1A_C10_E2] 课堂上，结合计算或具体的实际问题创设估算情境，让学生进行估算，并说明估算思路。

M1A_C11 知道"同分母分数加减法（分母小于10）"

解析：会计算同分母分数（分母在10以内）的加减法；会解决相应的简单实际问题。

评价方法：可用纸笔测验 [参见样例M1A_C11_E1]、日常观察 [参见样例M1A_C11_E2]、档案袋评价等方法。

[样例M1A_C11_E1] 计算下面各题。

$$\frac{7}{9} - \frac{5}{9} = \qquad \frac{2}{7} + \frac{3}{7} = \qquad 1 - \frac{1}{4} =$$

[样例M1A_C11_E2] 课堂上，当提出直接用同分母分数加减法解决的问题时，要求学生算出结果，并对结果进行解释。

例如："一根绳子的$\frac{3}{4}$做了跳绳，剩下的是这根绳子的几分之几？为什么？"

M1A_C12 知道"一位小数的加减法"

解析：会计算一位小数的加减法并会解决相应的简单实际问题。

评价方法：可用纸笔测验 [参见样例M1A_C12_E1、M1A_C12_E2]、日常观察 [参见样例M1A_C12_E3]、档案袋评价等方法。

[样例M1A_C12_E1] 计算下面各题。

$$6.7 + 0.8 = \qquad 4.3 - 1.5 = \qquad 6 + 0.6 = \qquad 5.2 - 0.7 =$$

[样例M1A_C12_E2] 小红买了一个笔盒和一支钢笔，笔盒每个6.8元，钢笔每支4.6元，买这两样文具她一共花了多少钱？

[样例M1A_C12_E3] 课堂上，当提出直接用小数加减法解决的问题时，要求学生算出结果并对结果进行解释。

例如："小林立定跳远跳了2.6米，小芳只跳了1.9米，小芳比小林少跳了（　　）米。"

M1A_M 常见的量

M1A_M1 应用"元、角、分"

解析：认识元、角、分，了解它们之间的关系并能进行简单的换算；能解决与元、角、分有关的简单实际问题。

评价方法：可用纸笔测验 [参见样例M1A_M1_E1]、日常观察 [参见样例M1A_M1_E2]、档案袋评价等方法。

[样例M1A_M1_E1]

（1）在（　　）里添上合适的数。

6元＝（　　）角　　　　　　37角＝（　　）元（　　）角

5.2元＝（　　）元（　　）角　　4.8元＝（　　）角

（2）王老师买一把三角尺花了11.5元，买一个板擦花了4.2元，她一共花了（　　）元。

[样例M1A_M1_E2] 课堂上，当提出与元、角、分有关的简单问题时，

要求学生直接进行解答。

例如:"小芳买一根跳绳花了3.5元,买一个毽子花了1.5元,一根跳绳比一个毽子贵多少元?"

M1A_M2 应用"时、分、秒"

解析:认识时、分、秒,了解它们之间的关系并能进行简单的换算;初步建立时、分、秒的时间观念;认识钟表上表示的时刻,能解决与时、分、秒有关的简单实际问题。

评价方法:可用纸笔测验 [参见样例M1A_M2_E1]、日常观察、档案袋评价 [参见样例M1A_M2_E2] 等方法。

[样例 M1A_M2_E1]

(1) 在( )里填上合适的数。

4时 = ( )分　　120分 = ( )时　　193分 = ( )时( )分

(2) 下面是小林周六上午的活动计划表,请帮他把表填完整。

计划时间	活动内容	所用时间
9:10—9:50	看望外婆	
10:00—11:00	打乒乓球	
11:20—11:50	看动画片	
12:00—12:30	吃午饭	

[样例 M1A_M2_E2] 在"时、分、秒"教学中,要求学生收集日常生活中有关时、分、秒应用的素材和需要用时、分、秒知识解决的问题,并且随着学习的进展尝试解决这些问题,记录解决的方法和时间。在该部分内容学习结束前,让同学们小组合作展示、交流自己档案袋中的成果。

M1A_M3 知道"24时记时法"

解析:了解24时记时法;会用24时记时法表示时刻,会计算简单的经过时间。

评价方法:可用纸笔测验 [参见样例M1A_M3_E1]、日常观察、档案袋评价 [参见样例M1A_M3_E2] 等方法。

[样例 M1A_M3_E1]

(1) 科技馆每天开馆的时间是8:30-16:30,一天共开放( )时。

(2) 从北京到上海的普通列车19:00开车,第二天的7:00到达,列车每小时约行120千米。北京到上海之间的铁路大约长多少千米?

[样例M1A_M3_E2] 在"24时记时法"教学中，要求学生收集日常生活中有关24时记时法应用的素材和需要用24时记时法知识解决的问题，并且随着学习的进展尝试解决这些问题，记录解决的方法和时间。在该部分内容学习结束前，让同学们小组合作展示、交流自己档案袋中的成果。

M1A_M4 理解"年、月、日"

解析：认识年、月、日，了解它们之间的关系；能解决与年、月、日有关的简单实际问题。

评价方法：可用纸笔测验［参见样例M1A_M4_E1］、日常观察、档案袋评价［参见样例M1A_M4_E2］等方法。

[样例M1A_M4_E1]

（1）在（ ）里填上合适的数。

4年＝（ ）个月，24个月＝（ ）年，8月有（ ）天，闰年2月有（ ）天，平年全年有（ ）天。

（2）瓷器厂每天能生产540个花瓶，如果每天都工作，3、4两个月共能生产多少个花瓶？

[样例M1A_M4_E2] 在"年、月、日"教学中，要求学生收集日常生活中有关年、月、日应用的素材和需要用年、月、日知识解决的问题，并且随着学习的进展尝试解决这些问题，记录解决的方法和时间。在该部分内容学习结束前，让同学们小组合作展示、交流自己档案袋中的成果。

M1A_M5 应用"克、千克、吨"

解析：认识克、千克、吨，了解它们之间的关系并能进行简单的换算；初步建立1克、1千克、1吨的观念；能解决与克、千克、吨有关的简单实际问题。

评价方法：可用纸笔测验［参见样例M1A_M5_E1］、日常观察、档案袋评价［参见样例M1A_M5_E2］等方法。

[样例M1A_M5_E1]

（1）在（ ）里填上合适的单位。

小明的体重是32（ ），他的文具盒重150（ ）。

一头大象的体重是4996（ ），大约是（ ）。

（2）王叔叔家6个月用水108吨，平均每月用水（ ）吨。

[样例M1A_M5_E2] 在"克、千克、吨"教学中，要求学生收集日常生活中有关克、千克、吨应用的素材和需要用克、千克、吨知识解决的问题，并且随着学习的进展尝试解决这些问题，记录解决的方法和时间。在该部分内容学习结束前，让同学们小组合作展示、交流自己档案袋中的成果。

M1A_P 探索规律
M1A_P1 理解"探索规律"

解析:初步理解规律的含义,能发现给定的事物中隐含的简单规律。

评价方法:可用纸笔测验[参见样例M1A_P1_E1]、日常观察、档案袋评价[参见样例M1A_P1_E2]等方法。

[样例M1A_P1_E1] 按照规律在( )里填上合适的数。
2　3　5　8　12　17　(　　)

[样例M1A_P1_E2] 在"探索规律"教学中,要求学生收集日常生活中有规律排列或变化的素材和需要用探索规律解决的问题,并且随着学习的进展尝试解决这些问题,记录解决的方法和时间。在该部分内容学习结束前,让同学们小组合作展示、交流自己档案袋中的成果。

(二)"图形与几何"维度(M1G)

1."图形与几何"评价标准设置

表2:第一学段"空间与几何"评价标准一览表

学科内容			能力		
			知道	理解	应用
图形与几何 M1G	图形的认识 M1G_R	立体图形(长方体、正方体、圆柱和球等)	√		
		平面图形(长方形、正方形、三角形、平行四边形和圆)	√		
		角(直角、锐角和钝角)		√	
		观察物体	√		
	测量 M1G_M	长度单位(千米、米、分米、厘米、毫米)		√	
		测量长度(估测)			√
		周长(一般图形、长方形、正方形)			√
		面积、面积单位		√	
		长方形、正方形的面积计算			√
	图形的运动 M1G_T	平移、轴对称、旋转现象	√		
		平移		√	
		轴对称		√	
	图形与位置 M1G_L	上、下、左、右、前、后			√
		东、南、西、北、东北、西北、东南、西南			√

2. "图形与几何"(M1G)评价标准说明

M1G_R 图形的认识

M1G_R1 知道"立体图形"

解析：能通过实物和模型辨认长方体、正方体、圆柱和球等几何体；能对简单几何体进行分类。

评价方法：纸笔测验［参见样例 M1G_R1_E1］、日常观察［参见样例 M1G_R1_E2］、档案袋评价等方法。

［样例 M1G_R1_E1］数一数。

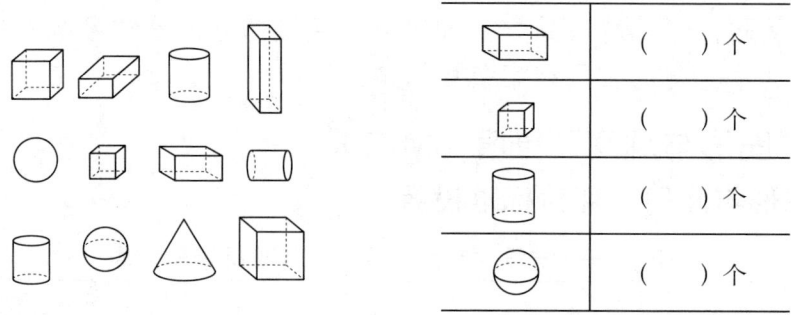

［样例 M1G_R1_E2］课堂上，观察学生是否能正确地对简单几何体（包括实物和模型）进行分类。

M1G_R2 知道"平面图形"

解析：辨认长方形、正方形、三角形、平行四边形、圆等简单图形；通过观察、操作，初步认识长方形、正方形的特征；会用长方形、正方形、三角形、平行四边形或圆拼图；能对简单图形进行分类。

评价方法：纸笔测验［参见样例 M1G_R2_E1］、日常观察［参见样例 M1G_R2_E2］、档案袋评价等方法。

［样例 M1G_R2_E1］数一数。

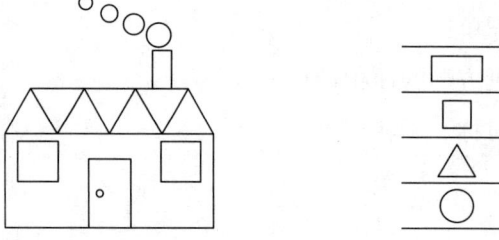

［样例 M1G_R2_E2］课堂上，让学生利用一张长方形纸折出一个正方形，或者让学生利用七巧板拼摆图案。先给出几个范例（如图），让学生照着拼，然后再让学生自己设计一些漂亮的图案。

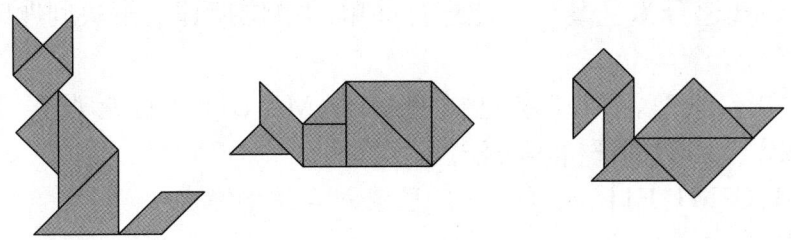

M1G_R3 理解"角"

解析：结合生活情境认识角，会辨认直角、锐角和钝角。

评价方法：纸笔测验［参见样例 M1G_R3_E1］、日常观察［参见样例 M1G_R3_E2］、档案袋评价等方法。

［样例 M1G_R3_E1］下图中有（　）个锐角，（　）个直角，（　）个钝角。

［样例 M1G_R3_E2］课堂上，让学生举例说一说生活中在哪儿见到过角或让学生用纸折出指定的角（锐角、直角、钝角），观察学生能否正确完成。

M1G_R4 知道"观察物体"

解析：能根据具体事物、照片或直观图辨认从不同角度观察到的简单物体的形状。

评价方法：纸笔测验［参见样例 M1G_R4_E1］、日常观察［参见样例 M1G_R4_E2］、档案袋评价等方法。

［样例 M1G_R4_E1］三位同学从不同的方向观察小熊。请你连一连，右面三幅图分别是哪位同学看到的。

［样例 M1G_R4_E2］同样例 M1G_R4_E1，改为让学生进行活动。

M1G_M 测量

M1G_M1 理解"长度单位"

解析：在实践活动中，体会建立统一度量单位的重要性，体会千米、米、厘米的含义，知道分米、毫米，能进行简单的单位换算，解决问题时能恰当地选择长度单位。

评价方法：纸笔测验［参见样例M1G_M1_E1］、日常观察［参见样例M1G_M1_E2］、档案袋评价等方法。

［样例M1G_M1_E1］ 在（ ）里填入合适的单位。

  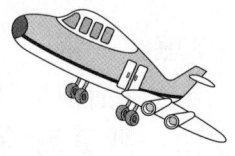

曲别针长28（ ）　　　跳绳长约2（ ）　　　飞机每小时飞行800（ ）

［样例M1G_M1_E2］ 课堂上，让学生举例说明长度单位的实际大小，例如：从家到学校的距离大约是1千米。

M1G_M2 应用"测量长度"

解析：能估测一些物体的长度，并能进行测量。

评价方法：纸笔测验［参见样例M1G_M2_E1］、日常观察［参见样例M1G_M2_E2］、档案袋评价等方法。

［样例M1G_M2_E1］ 先估计，再量出图中各边的长度。

［样例M1G_M2_E2］ 组织测量活动，让学生先估计，再测量生活中日常用品的长度，观察学生能否正确完成。例如：

物品	水杯	钢笔	牙刷
估计	高（ ）厘米	长（ ）厘米	长（ ）厘米
测量	（ ）厘米（ ）毫米	（ ）厘米（ ）毫米	（ ）厘米（ ）毫米

M1G_M3 应用"周长"

解析：结合实例认识周长并能测量简单图形的周长，探索并掌握长方形、正方形的周长公式。

评价方法：纸笔测验［参见样例M1G_M3_E1］、日常观察［参见样例M1G_M3_E2］、档案袋评价等方法。

［样例M1G_M3_E1］计算下面图形的周长。

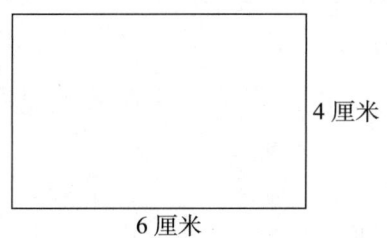

［样例M1G_M3_E2］让学生测量一个不规则图形（如一片树叶）的周长，观察学生能否正确完成。

M1G_M4理解"面积、面积单位"

解析：结合实例认识面积，体会并认识面积单位（厘米^2、分米^2、米^2），能进行简单的单位换算。

评价方法：纸笔测验［参见样例M1G_M4_E1］、日常观察［参见样例M1G_M4_E2］、档案袋评价等方法。

［样例M1G_M4_E1］填空。

  6平方米＝（ ）平方分米

  800平方厘米＝（ ）平方分米

［样例M1G_M4_E2］课堂上，让学生根据实际任务选择合适的面积单位。例如：测量邮票、课桌桌面、教室和操场的面积，分别选用什么面积单位比较合适？

M1G_M5应用"长方形、正方形的面积计算"

解析：掌握长方形、正方形面积的计算公式；能估计给定的长方形、正方形的面积；综合运用所学面积的知识和技能解决一些简单的实际问题。

评价方法：纸笔测验［参见样例M1G_M5_E1］、日常观察［参见样例M1G_M5_E2］、档案袋评价等方法。

［样例M1G_M5_E1］一面镜子长12分米、宽5分米，它的面积是多少平方分米？这种镜子的价格是每平方分米2元，买这面镜子需要多少元？

［样例M1G_M5_E2］让学生估计教室里的黑板、课桌桌面等的面积，观察学生能否正确完成。

M1G_T图形的运动

M1G_T1知道"平移、轴对称、旋转现象"

解析：结合实例，感知平移、旋转、轴对称现象。

评价方法：纸笔测验［参见样例M1G_T1_E1］、日常观察［参见样例M1G_T1_E2］、档案袋评价等方法。

［样例M1G_T1_E1］下列现象哪些是平移？哪些是旋转？
（1）方向盘的转动；（2）火箭升空的直线运动；
（3）推拉门的开关；（4）旋转门的转动。

［样例M1G_T1_E2］让学生列举生活中的实例，说明哪些是平移现象，哪些是轴对称现象，哪些是旋转现象。

M1G_T2 理解"平移"

解析：能辨认简单图形平移后的图形。

评价方法：纸笔测验［参见样例M1G_T2_E1］、日常观察［参见样例M1G_T2_E2］、档案袋评价等方法。

［样例M1G_T2_E1］下面哪些图形通过平移可以互相重合？

［样例M1G_T2_E2］课堂上，让学生动手操作，在方格纸上平移图形。例如，将菱形向右平移7格，观察学生能否正确完成。

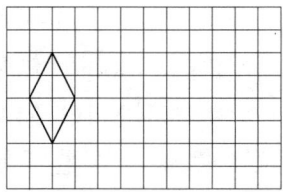

M1G_T3 理解"轴对称"

解析：通过观察、操作，认识轴对称图形。

评价方法：纸笔测验［参见样例M1G_T3_E1］、日常观察［参见样例M1G_T3_E2］、档案袋评价等方法。

［样例M1G_T3_E1］画出下面图形的对称轴。

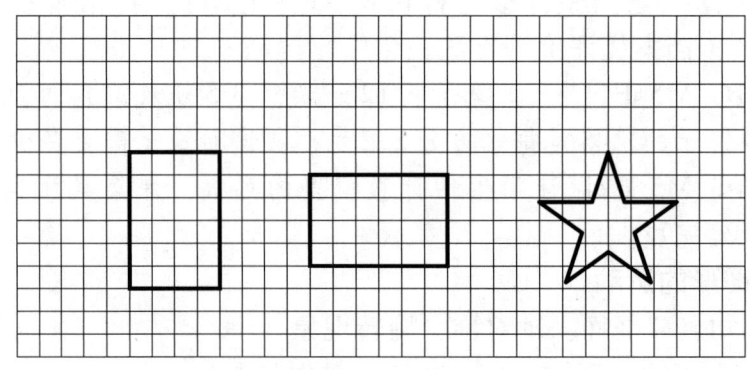

[样例M1G_T3_E2] 课堂上，让学生动手操作，剪出指定的轴对称图形，观察学生能否正确完成。

M1G_L 图形与位置

M1G_L1 应用"上、下、左、右、前、后"

解析：会用上、下，左、右，前、后描述物体的相对位置。

评价方法：纸笔测验［参见样例M1G_L1_E1］、日常观察［参见样例M1G_L1_E2］、档案袋评价等方法。

[样例M1G_L1_E1]

红灯在黄灯的（　　）面，　　　练习本的左边是（　　），
绿灯在黄灯的（　　）面。　　　练习本的右边是（　　）。

[样例M1G_L1_E2] 让学生描述教室里（生活中）物体的相对位置，观察学生能否正确完成。例如，国旗在黑板的上面，讲台在黑板的前面。

M1G_L2 应用"东、南、西、北、东北、西北、东南、西南"

解析：给定东、南、西、北四个方向中的一个方向，能辨认其余三个方向，知道东北、西北、东南、西南四个方向，能用这些词语描绘物体所在的方向。

评价方法：纸笔测验［参见样例M1G_L2_E1］、日常观察［参见样例M1G_L2_E2］、档案袋评价等方法。

[样例M1G_L2_E1] 看图填空。

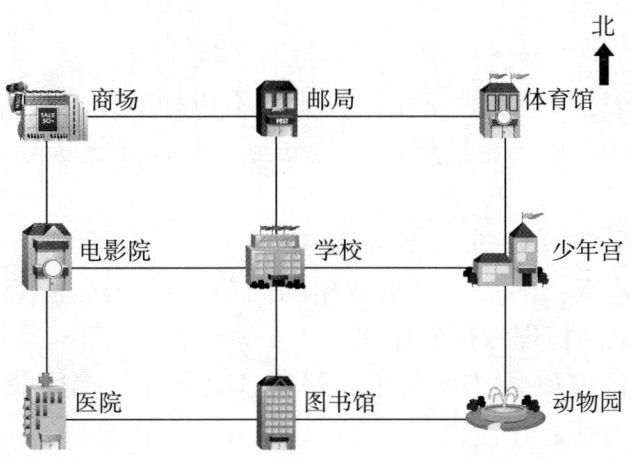

(1) 少年官在学校的（　　）面，体育馆在学校的（　　）面。
(2) 商场在医院的（　　）面，电影院在学校的（　　）面。
(3) 少年官在邮局的（　　）面，邮局在少年官的（　　）面。

[样例M1G_L2_E2] 让学生用方位语言描述上学和放学的行走路线，观察学生能否正确完成。

（三）"统计与概率"维度（M1S）

1."统计与概率"评价标准设置

表3：第一学段"统计与概率"评价标准一览表

学科内容			能力		
			知道	理解	应用
统计与概率 M1S	简单数据统计过程 M1S_D	分类		√	
		简单的收集和整理数据			√
		简单的分析数据		√	

2."统计与概率"（M1S）评价标准说明

M1S_D简单数据统计过程

M1S_D1理解"分类"

解析：能根据给定的标准或者自己选定的标准，对事物或数据进行分类，感受分类与分类标准的关系。

评价方法：纸笔测验[参见样例M1S_D1_E1]、日常观察[参见样例M1S_D1_E2]等方法。

[样例M1S_D1_E1] 自己选择一个标准，把下列事物分为两类。（可出示图片。）

黄瓜、苹果、梨、香蕉、萝卜、西红柿、丝瓜。

[样例M1S_D1_E2] 在课堂上，提出按不同标准分类的问题，如"分别选择两个不同的标准，把小组同学的铅笔分为两类，并记录分类结果。"观察学生能否正确完成。

M1S_D2应用"简单的收集和整理数据"

解析：了解调查、测量等收集数据的简单方法并运用自己的方式（文字、图画、表格等）呈现整理数据的结果。

评价方法：日常观察[参见样例M1S_D2_E1]、档案袋评价[参见样例M1S_D2_E2]等方法。

[样例M1S_D2_E1] 让学生调查全班同学最喜爱的动画片并用表格表示出来，观察学生能否顺利完成。

[样例M1S_D2_E2] 每学年测量一次小组同学的身高并记录下来。在本学段结束时，让同学们根据档案袋中的信息展示小组同学身高的变化情况。

M1S_D3 理解"简单的分析数据"

解析：通过对数据的简单分析，体会运用数据进行表达与交流的作用，感受数据蕴含的信息。

评价方法：纸笔测验［参见样例M1S_D3_E1］、日常观察［参见样例M1S_D3_E2］等方法。

[样例M1S_D3_E1] 小华测量并记录下某一天的气温变化情况，如下表。

时间	8时	10时	12时	14时	16时	18时	20时
气温/摄氏度	12	16	20	24	21	16	11

（1）在测量的这段时间里，最高气温是多少摄氏度？最低气温呢？

（2）你发现这一天气温变化的特点了吗？

这一天气温变化的特点是：_____

[样例M1S_D3_E2] 让学生对全班同学的体重进行调查分析，找出体重最重、最轻的同学，算一算两人体重相差多少。观察学生能否顺利完成。

（四）"综合与实践"维度(M1Ap)

1．"综合与实践"评价标准设置

表4：第一学段"综合与实践"评价标准一览表

学科内容		能力		
		知道	理解	应用
综合与实践 M1Ap	综合应用知识			√
	解决问题的方法			√
	讨论与表达			√

2．"综合与实践"(M1Ap)评价标准说明

M1Ap_P1 应用"综合应用知识"

解析：能主动地运用所学过的数学知识和方法描述所面临的简单实际问题，经历发现和提出问题、分析和解决问题的全过程，获得初步的数学活动经验，感受数学在日常生活中的作用。

评价方法：设计方案 [样例M1Ap_P1_E]、日常观察等方法。

[样例M1Ap_P1_E] 探索周长和面积的关系。

在40×40的方格纸（每个方格表示1平方厘米）上画一画，填写下表并思考提出的问题。

（1）画出周长为24厘米的长方形或正方形，计算它的面积。你能发现什么？

图形	长/厘米	宽/厘米	面积/厘米^2

（2）画出面积为36平方厘米的长方形或正方形，计算它的周长。你能发现什么？

图形	长/厘米	宽/厘米	周长/厘米

[说明]本活动通过让学生探索长方形或正方形的周长和面积之间的联系,考查学生综合运用周长、面积和排列组合等知识的情况,同时考查学生运用实验、计算等方法尝试探索事物蕴含规律的能力。

M1Ap_P2应用"解决问题的方法"

解析:能用数学知识和方法解决简单数学问题,理解解决问题的具体步骤和方法,能根据问题的具体条件和实际需要,采用多种方法解决问题。

评价方法:设计方案[样例M1Ap_P2_E]、日常观察等方法。

[样例M1Ap_P2_E]设计"购买粽子"的方案。

端午节快到了,班委会要为全班同学每人发一个粽子,并且要符合每个同学的口味。

[说明]本活动的目的是让学生经历简单的收集、整理、描述和分析数据的过程。首先,要调查同学们的口味情况,统计出结果;其次,根据统计的结果制订相应的采购方案。

M1Ap_P3应用"讨论与表达"

解析:能通过小组合作研究,设计解决具体问题的方案,能通过小组和课堂发言等形式表达和交流研究的过程和结果,能通过填写表格、撰写报告等形式交流成果。

评价方法:设计方案[样例M1Ap_P3_E]、日常观察等方法。

[样例M1Ap_P3_E]将设计"购买粽子"方案的活动步骤和过程通过填写表格表达出来。

小组同学共同完成:

完成任务的过程记录表

步骤	活动内容	
	做什么?怎样做的?	数据收集、描述、分析过程与结果
第一步		
第二步		
第三步		

[说明]通过本活动考查学生是否能够将自己所完成任务的方法和结果用简练、清晰的方式表达出来。

二、第二学段评价标准的具体分析及使用建议

（一）"数与代数"维度(M2A)

1."数与代数"评价标准设置

表5：第二学段"数与代数"评价标准一览表

学科内容			能力		
			知道	理解	应用
数与代数 M2A	数的认识 M2A_N	自然数（万以上的数）			√
		负数	√		
		分数、百分数			√
		小数			√
		约数和倍数		√	
	数的运算 M2A_C	自然数	三位数乘两位数的乘法			√
			三位数除以两位数的除法			√
			四则混合运算			√
			运算律			√
		分数	分数加减法、乘除法			√
		小数	小数加减法、乘除法			√
		整数、小数与分数	四则混合运算		√	
		估算				√
		用计算器计算				√
	式与方程 M2A_E	用字母表示数			√
		方程			√
	正比例和反比例 M2A_R	比和比例			√
		正比例和反比例			√
	探索规律 M2A_P	探索简单的数学规律		√	

2. "数与代数（M2A）评价标准说明

M2A _N 数的认识

M2A _N1 应用"万以上的自然数"

解析：能理解万以上的大数的实际意义；认识亿级以及亿以内数的计数单位，了解各计数单位之间的关系，掌握亿以内的数位顺序表；会正确地认、读、写亿以内的大数；会比较亿以内的大数的大小；会将整万、整亿的数分别改写成用"万"和"亿"作单位的数；能结合现实情境对大数进行估计，建立数感；认识近似数，会用"四舍五入"法求大数的近似数；会用数描述事物的某些特征，进一步体会数在日常生活中的作用。

评价方法：纸笔测验［参见样例M2A_N1_E1］、日常观察［参见样例M2A_N1_E2］、档案袋评价等方法。

［样例M2A_N1_E1］十亿零八万三千 写作：_____。

［样例M2A_N1_E2］通过课堂提问进行观察，如观察学生回答"356420178中，包含了哪些数位"这一问题的情况。

M2A _N2 知道"负数"

解析：能在熟悉的生活情境中，了解负数的意义；能正确地认、读、写正数和负数；知道0既不是正数也不是负数；会用负数表示日常生活中的一些量。

评价方法：纸笔测验［参见样例M2A_N2_E1］、日常观察［参见样例M2A_N2_E2］等方法。

［样例M2A_N2_E1］请你写出5个正数、5个负数。

［样例M2A_N2_E2］通过课堂提问进行观察，如让学生说说"15℃、-15℃，342米、-198米分别表示什么含义"等，通过观察学生的回答进行评价。

M2A _N3 应用"分数、百分数"

解析：知道分数是怎样产生的，进一步理解分数的意义（单位"1"，分数单位的概念）；明确分数与除法的关系，会用分数表示除法的商；理解真分数、假分数和带分数的意义，能正确读、写假分数和带分数；了解假分数和带分数的关系，能把假分数化成带分数或整数；理解和掌握分数的基本性质，理解通分、约分的含义并会正确地进行通分、约分；会比较分数的大小；能运用分数知识解决一些简单的实际问题。

理解百分数的意义，了解它在实际中的应用；会正确地读、写百分数；能正确运用百分数表示事物之间的关系；会进行小数、分数和百分数的转化（不包括将循环小数转化为分数）；理解折扣、纳税、利息的含义，知道它们在生活中的简单应用。

评价方法：纸笔测验［参见样例M2A_N3_E1］、日常观察［参见样例M2A_N3_E2］、档案袋评价［参见样例M2A_N3_E3］等方法。

［样例M2A_N3_E1］请你写出一个大于$\frac{1}{7}$、小于$\frac{1}{6}$的分数。

［样例M2A_N3_E2］在学习了百分数之后，通过让学生回答百分数和分数之间的关系，解释某个具体实例中的百分数的含义，考查学生对百分数的理解。

［样例M2A_N3_E3］教师让学生收集关于真分数、假分数、带分数的问题，并且随着学习的进展尝试发现假分数与带分数的关系并记录，从而从分数分类的角度掌握这部分内容。

M2A _N4 应用"小数"

解析：理解小数的意义，认识小数的计数单位（小数数位顺序表的整理）；会读、写小数，会用小数表示日常生活中的一些事物；理解并掌握小数的性质和小数点位置移动引起小数大小变化的规律并会应用性质改写小数；会比较小数的大小；会进行小数和十进复名数的相互改写；会用"四舍五入"法保留一定的小数数位，求出小数的近似数，并能把非整万（亿）的数改写成用万或亿作单位的小数。

评价方法：纸笔测验［参见样例M2A_N4_E1］、日常观察［参见样例M2A_N4_E2］、档案袋评价［参见样例M2A_N4_E3］等方法。

［样例M2A_N4_E1］请你写出各个数位上的8的含义。

$$8.808 \qquad 3.82$$

［样例M2A_N4_E2］让学生以40325000000、2500480为例说说如何将它们改写成用亿、万作单位的数，观察学生是否掌握了将非整万（亿）的数改写成用万或亿作单位的小数的方法。

［样例M2A_N4_E3］在小数的教学中，要求学生收集日常生活中有关小数应用的素材和需要用小数的有关知识解决的问题，并且随着学习的进展尝试解决这些问题，记录解决的方法和时间。在该部分内容学习结束前，小组合作展示、交流自己档案袋中的成果。

M2A _N5 理解"约数和倍数"

解析：知道2，3，5的倍数的特征，了解公倍数、最小公倍数和公因数、最大公因数；了解自然数、整数、奇数、偶数、质（素）数和合数。在1—100的自然数中，能找出10以内自然数的所有倍数；能找出10以内两个自然数的公倍数和最小公倍数。在1—100的自然数中，能找出一个自然数的所有因数；能找出两个自然数的公因数和最大公因数。

评价方法：纸笔测验［参见样例M2A_N5_E1］、日常观察［参见样例M2A_N5_E2］、档案袋评价［参见样例M2A_N5_E3］等方法。

［样例M2A_N5_E1］请从下面的数中按要求选出合适的数写在横线上。

5、6、14、29、35、43、51、67、78、90

3的倍数：_____　　　　2和3的最小公倍数：_____

78和90的最大公约数：_____

质数：_____　　　合数：_____

［样例M2A_N5_E2］小组讨论"两个质数的和是偶数"并说明理由。观察学生是否理解了"约数和倍数"部分各种概念的含义。

［样例M2A_N5_E3］在"约数和倍数"的教学中，要求学生收集日常生活中有关用最大公约数或最小公倍数的有关知识解决的问题，并且随着学习的进展尝试解决这些问题，记录解决的方法和时间。在该部分内容学习结束前，小组合作展示、交流自己档案袋中的成果。

M2A_C 数的运算

M2A_C1 应用"三位数乘两位数的乘法"

解析：会口算100以内一位数乘两位数，能笔算三位数乘两位数的乘法，能利用"积的变化规律"等知识灵活计算，会解答有关的实际问题。

评价方法：纸笔测验［参见样例M2A_C1_E1、M2A_C1_E2］、日常观察、档案袋评价［参见样例M2A_C1_E3］等方法。

［样例M2A_C1_E1］列竖式计算。

$134 \times 21 =$　　　　$264 \times 34 =$　　　　$102 \times 17 =$

$28 \times 124 =$　　　　$50 \times 135 =$　　　　$47 \times 224 =$

［样例M2A_C1_E2］体育老师带了2000元钱，买了15个同样的足球。他不可能买哪种足球？

甲：125元　　　乙：153元　　　丙：132元

［样例M2A_C1_E3］在"三位数乘两位数"教学中，要求学生收集日常生活中需要用三位数乘两位数的乘法解决的问题，并且随着学习的进展尝试解决这些问题，记录解决的方法和时间。在该部分内容学习结束前，让同学们小组合作展示、交流自己档案袋中的成果。

M2A_C2 应用"三位数除以两位数的除法"

解析：会口算100以内两位数除以一位数；理解三位数除以两位数的除法的算理，会正确计算并能解答有关的实际问题；能利用"商的变化规律"等知识灵活计算三位数除以两位数的除法。

评价方法：纸笔测验［参见样例M2A_C2_E1、M2A_C2_E2］、日常观察、档案袋评价［参见样例M2A_C2_E3］等方法。

［样例M2A_C2_E1］口算出第一个算式的商，直接写出下面算式的得数。

$60÷20=$　　　　　$69÷3=$　　　　　$84÷4=$

$120÷20=$　　　　$690÷30=$　　　　$84÷2=$

$600÷200=$　　　$6900÷300=$　　　$840÷4=$

［样例M2A_C2_E2］四（1）班春游花了875元钱，这个班有35个学生，每个学生该出多少钱？

［样例M2A_C2_E3］在"三位数除以两位数的除法"教学中，要求学生收集日常生活中需要用三位数除以两位数的除法解决的问题，并且随着学习的进展尝试解决这些问题，记录解决的方法和时间。在该部分内容学习结束前，让同学们小组合作展示、交流自己档案袋中的成果。

M2A_C3 应用"四则混合运算"

解析：掌握四则混合运算的顺序，认识小括号、中括号，能进行简单的整数四则混合运算（以两步为主，不超过三步），会用两步、三步计算的方法解决一些实际问题。

评价方法：纸笔测验［参见样例M2A_C3_E1、M2A_C3_E2］、日常观察［参见样例M2A_C3_E3］、档案袋评价等方法。

［样例M2A_C3_E1］把正确答案的序号填在（　　）里。

（1）计算$45-45÷9+9$时，要先算（　　）。

　　　A. 减法　　　　B. 除法　　　　C. 加法

（2）计算$4×[(50+50)÷5]$时，要先算（　　），再算（　　）。

　　　A. 减法　　　　B. 除法　　　　C. 加法

（3）计算$5×26-26÷23$时，（　　）。

　　　A. 必须先算乘法

　　　B. 必须先算减法

　　　C. 必须先算除法

　　　D. 可以先算乘法，也可以先算除法，也可以两者同时计算

［样例M2A_C3_E2］宜兴小区新建了15栋楼房，每栋楼有48户，已经售出519户，还剩多少户？

［样例M2A_C3_E3］课堂上，在学生做完四则混合运算的题目以后，可以让学生说说运算的顺序；在列综合算式解决问题时，让学生解释列式的理由。

M2A_C4 应用"运算律"

解析：掌握加法和乘法的运算律，能运用运算律对所学的一些计算的算理进行说明，并能运用合适的运算律进行一些简便计算。

评价方法：纸笔测验［参见样例 M2A_C4_E1、M2A_C4_E2］、日常观察、档案袋评价［参见样例 M2A_C4_E3］等方法。

［样例 M2A_C4_E1］根据运算定律，在下面的□里填上合适的数。

(1) $47 + \square = \square + 24$

(2) $26 \times 125 \times \square = 26 \times (\square \times 8)$

(3) $(67 + \square) \times 29 = \square \times 29 + 33 \times \square$

［样例 M2A_C4_E2］下面是两个学生计算座位数的不同方法，他们计算得对吗？这两种方法有什么关系？

小军：$8 \times 8 + 7 \times 8$

小帅：15×8

［样例 M2A_C4_E3］注意记录学生完成作业中自觉用到运算律的情况，并要求学生收集可以用所学运算律解决的问题，在"运算律"教学中，让学生小组合作交流、解释自己档案袋中的内容。

M2A_C5 应用"分数加、减、乘、除法"

解析：知道分数加、减、乘、除法的算理，掌握分数加、减、乘、除法的计算方法，能正确地计算出结果，并能运用运算定律进行分数的加、减、乘、除法简便运算；会解答与分数四则运算有关的实际问题。

评价方法：纸笔测验［参见样例 M2A_C5_E1、M2A_C5_E2］、日常观察、档案袋评价［参见样例 M2A_C5_E3］等方法。

［样例 M2A_C5_E1］计算。

$$\frac{1}{4} + \frac{3}{4} = \qquad \frac{6}{7} \div \frac{2}{3} = \qquad \frac{5}{6} \times \frac{3}{10} = \qquad \frac{2}{3} - \frac{3}{5} =$$

［样例 M2A_C5_E2］商店促销，所有商品 8 折销售，一件衣服原价 120 元，现价多少元？

［样例 M2A_C5_E3］在"分数加、减、乘、除法"教学中，要求学生收集日常生活中需要用分数四则运算解决的问题，并且随着学习的进展尝试解决这些问题。在各部分内容学习结束前，让同学们小组合作展示、交流自己档案袋中的成果。

M2A_C6 应用"小数加、减、乘、除法"

解析：了解小数加减法以及乘除法之间的关系，能正确地进行计算，能运用所学知识进行小数加、减、乘、除法简便运算；会应用小数四则运算知识解决有关的实际问题。

评价方法：纸笔测验［参见样例 M2A_C6_E1、M2A_C6_E2］、日常观察、档案袋评价［参见样例 M2A_C6_E3］等方法。

［样例 M2A_C6_E1］ 计算。

24.87 + 13.26 =　　0.46 × 2.5 =　　60 − 12.45 =　　81.2 ÷ 0.56 =

［样例 M2A_C6_E2］ 右图中的旗杆高 27.5 m，大楼大约高多少米？

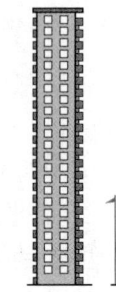

［样例 M2A_C6_E3］ 在"小数加、减、乘、除法"教学中，要求学生收集日常生活中需要用小数四则运算解决的问题，并且随着学习的进展尝试解决这些问题。在各部分内容学习结束前，让同学们小组合作展示、交流自己档案袋中的成果。

M2A_C7 知道"整数、小数和分数四则混合运算"

解析：能正确计算数据比较简单的整数、小数和分数四则混合运算式题，会使用小括号、中括号。

评价方法：纸笔测验［参见样例 M2A_C7_E1］、日常观察［参见样例 M2A_C7_E2］、档案袋评价等方法。

［样例 M2A_C7_E1］ 计算。

$1.3 \times \dfrac{8}{39} \div \dfrac{2}{3} =$　　　$0.8 \times \dfrac{5}{6} + \dfrac{2}{5} \div 0.6 =$　　　$2.4 \div [\dfrac{6}{7} \times (\dfrac{2}{9} + \dfrac{1}{6})] =$

［样例 M2A_C7_E2］ 课堂上，在学生做完四则混合运算的题目以后，可以让学生说说运算的顺序；在列综合算式解决问题时，让学生解释列式的理由。

M2A_C8 应用"估算"

解析：能够在具体情境中选用恰当的方法估算，根据具体情况和实际要求，选择比较适合的方法解决问题。

评价方法：纸笔测验［参见样例 M2A_C8_E1］、日常观察［参见样例 M2A_C8_E2］等方法。

［样例 M2A_C8_E1］ 四年级一共 104 人去秋游。每套车票和门票 49 元，买套票需要准备多少钱？下面哪个算式用来估计钱数比较合适？

A．100 × 50　　　　B．110 × 50　　　　C．100 × 40

［样例 M2A_C8_E2］ 课堂上，结合计算或具体的实际问题创设估算情境，让学生选择恰当的估算策略进行估算，并说明估算思路。

M2A_C9 应用"计算器"

解析：能借助计算器进行运算，解决简单的实际问题，探索简单的规律。

评价方法：日常观察［参见样例M2A_C9_E1］、档案袋评价［参见样例M2A_C9_E2］等方法。

［样例M2A_C9_E1］课堂上，在学生做用计算器计算的作业或用计算器探索规律时，观察学生的操作过程和计算结果；了解学生使用计算器的情况。

［样例M2A_C9_E2］注意记录学生完成作业中使用计算器探索规律的情况，并要求学生收集使用计算器计算所发现的规律，让学生小组合作交流、解释自己档案袋中的内容。

M2A_E 式与方程

M2A_E1 应用"用字母表示数"

解析：能够用字母及含有字母的式子表示数和数量关系；能根据字母所取的值，求含有字母的式子的值。

评价方法：纸笔测验［参见样例M2A_E1_E1、M2A_E1_E2］。

［样例M2A_E1_E1］根据给定的信息填空。

小明家上个月交水费30元，已知水价为每吨 a 元，那么 $30 \div a$ 表示（　　　　）。

［样例M2A_E1_E2］根据给定的信息填空。

(1) 甲地到乙地的路程为 s km，一辆汽车的速度为每小时 v km，那么这辆汽车从甲地到乙地所需要的时间 $t=$（　　　）h。

(2) 如果，$s=120, v=80$，那么 $t=$（　　　）h。

M2A_E2 应用"简易方程"

解析：了解方程的意义；会解简单的方程；会列方程解决简单的实际问题。

评价方法：纸笔测验［参见样例M2A_E2_E1、M2A_E2_E2、M2A_E2_E3］。

［样例M2A_E2_E1］在下列是方程的式子后面的（　）里打"√"。

$2x+30=40$　（　　）　　　　$75+23=98$　（　　）

$12x+8>32$　（　　）　　　　$8-3x=1$　（　　）

［样例M2A_E2_E2］解下列方程。

$3.5x-5.7=4.8$　　　　　　$7x+9=12.5$

$15(x+4)=105$　　　　　　$x-\dfrac{1}{4}x=\dfrac{3}{8}$

［样例M2A_E2_E3］列方程解决下列问题。

(1) 某小学有教师98人，女教师的人数是男教师的2.5倍。该校男教师和女教师各有多少人？

(2) 妈妈买了苹果和梨各 3 kg，苹果的价格是梨的 1.5 倍，共花了 30 元。苹果和梨的价格各是几元？

M2A_R 正比例和反比例

M2A_R1 应用"比和比例"

解析：理解比和比例的意义；理解比和比例的基本性质；理解什么是按比例分配，并能用比和比例的知识解决简单的问题。

评价方法：纸笔测验［参见样例 M2A_R1_E1、M2A_R1_E2］。

［样例 M2A_R1_E1］解下面的比例。

$$2.6 : 3.2 = 13 : x \qquad \frac{5}{7} : \frac{2}{3} = x : \frac{1}{4}$$

［样例 M2A_R1_E2］小东有一架飞机模型，飞机模型与实际飞机机身长的比是 1 : 200，飞机长 50 m。模型长多少厘米？

M2A_R2 应用"正比例和反比例"

解析：理解正比例和反比例的意义；认识正比例关系的图像，能根据给出的有正比例关系的数据在有坐标系的方格纸上画出图像，会根据其中一个量在图像中找出或估计出另一个量的值；能找出生活中成正比例和成反比例量的实例，并进行交流；了解比例尺，会求平面图的比例尺以及根据比例尺求图上距离或实际距离；能运用比例知识解决简单的实际问题。

评价方法：纸笔测验［参见样例 M2A_R2_E1、M2A_R2_E2］、日常观察、档案袋评价［参见样例 M2A_R2_E3］等方法。

［样例 M2A_R2_E1］判断下面各题中的两种量是否成比例。如果成比例，是成正比例还是反比例。

（1）一个圆的周长与直径。

（2）一个人的体重与他的身高。

（3）服装厂生产一批服装，每天生产的件数和所用的天数。

（4）三角形的底一定，它的面积与这条底上的高。

（5）看一本书，已经看的页数和没看的页数。

［样例 M2A_R2_E2］根据下面所给的信息解决问题。

（1）在一幅地图上，量得甲乙两地的距离是 4.8 cm，两地的实际距离是 240 km，这幅地图的比例尺是多少？

（2）救援队向地震灾区运送一批药品，如果每小时行 80 km，6 小时可到达。如果要 5 小时到达，那么每小时行多少千米？

［样例 M2A_R2_E3］在成正比例或反比例的量的教学中，要求学生举出生活中的实例，并与同学进行交流，教师对学生的表现进行评定，存入档案袋中。

M2A _P 探索规律

M2A _P1 理解"探索简单的数学规律"

解析：探求给定事物中隐含的规律或变化趋势。

评价方法：纸笔测验［参见样例M2A_P1_E1、M2A_P1_E2］、日常观察、档案袋评价［参见样例M2A_P1_E3］等方法。

［样例M2A_P1_E1］找出下列数的排列规律并填空。

25　36　49　64　（　）　100　（　）　……

［样例M2A_P1_E2］用等长的小棒摆下列图形，左数第15个图形有（　）根小棒。

［样例M2A_P1_E3］在"探索规律"教学中，要求学生收集日常生活或数学学习中有规律排列或变化的素材和需要用探索规律解决的问题，并且随着学习的进展尝试解决这些问题，记录解决的方法和时间。在该部分内容学习结束前，让同学们小组合作展示、交流自己档案袋中的成果。

（二）"图形与几何"维度(M2G)

1．"图形与几何"评价标准设置

表6：第二学段"图形与几何"评价标准一览表

学科内容			能力		
			知道	理解	应用
图形与几何 M2G	图形的认识 M2G_R	线段、射线和直线	√		
		两点间的距离	√		
		角的分类		√	
		平面上两条直线的位置关系		√	
		平行四边形、梯形、圆和扇形	√	√	
		用圆规画圆		√	
		三角形的认识及特征		√	
		从不同方向观察物体	√		
		长方体、正方体、圆柱和圆锥	√		
		长方体、正方体和圆柱的展开图	√		

续表

学科内容			能力		
			知道	理解	应用
图形与几何 M2G	测量 M2G_M	量角；画指定度数的角		√	
		三角形、平行四边形和梯形的面积公式			√
		面积单位：千米²、公顷	√		
		圆的周长和面积			√
		体积（包括容积）的意义和体积（容积）单位		√	
		长方体、正方体、圆柱的体积和表面积；圆锥的体积			√
		不规则图形的面积和体积		√	
	图形的运动 M2G_T	轴对称图形、平移、旋转		√	
		画对称轴，画轴对称图形，画平移和旋转90度后的图形；欣赏及设计图案			√
		图形的放大或缩小			√
	图形与位置 M2G_L	比例尺			√
		根据物体相对于参照点的方向和距离确定位置；描述路线图			√
		用数对表示位置			√

2．"图形与几何"（M2G）评价标准说明

M2G_R 图形的认识

M2G_R1 知道"线段、射线和直线"

解析：认识线段、射线和直线，能描述线段、射线和直线的特征和区别。

评价方法：纸笔测验［参见样例M2G_R1_E1］、日常观察［参见样例M2G_R1_E2］等方法。

［样例M2G_R1_E1］下面的图形中，_____是直线；_____是射线；_____是线段。这三种图形，_____是可以测量长度的。

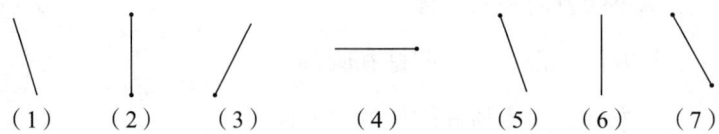

（1）　（2）　（3）　（4）　（5）　（6）　（7）

[样例M2G_R1_E2] 课堂上，让学生讨论"线段、射线和直线有什么区别"，观察学生能否正确回答。

M2G_R2 知道"两点间的距离"

解析：知道两点间线段的长度叫作两点间的距离。

评价方法：纸笔测验［参见样例M2G_R2_E］、日常观察等方法。

[样例M2G_R2_E] 两点间（ ）的长度叫作两点间的距离。

M2G_R3 理解"角的分类"

解析：了解平角与周角，知道周角、平角、钝角、直角、锐角之间的大小关系，理解所学角的概念特征（角的大小与角的两边的长短无关）。

评价方法：纸笔测验［参见样例M2G_R3_E1］、日常观察［参见样例M2G_R3_E2］档案袋评价等方法。

[样例M2G_R3_E1] 将锐角、钝角、周角、直角、平角按角的大小排列。

（ ）＞（ ）＞（ ）＞（ ）＞（ ）

[样例M2G_R3_E2] 课堂上，让学生用活动角学具做出指定的角（锐角、直角、钝角、平角、周角），观察学生能否正确完成。

M2G_R4 理解"平面上两条直线的位置关系"

解析：理解同一平面上两条直线的位置关系（平行和相交，包括垂直）。

评价方法：纸笔测验［参见样例M2G_R4_E1］、日常观察［参见样例M2G_R4_E2］等方法。

[样例M2G_R4_E1] 下面的各组直线，（ ）互相平行，（ ）互相垂直。

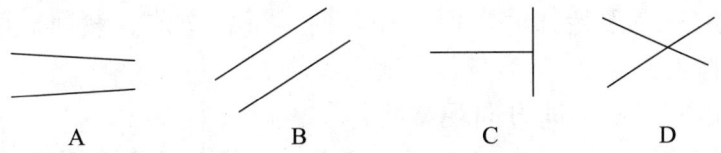

A　　　　　　B　　　　　　C　　　　　　D

[样例M2G_R4_E2] 课堂上，让学生检验给定的几组直线的相互关系，看看是否互相平行或相互垂直。观察学生能否顺利完成。

M2G_R5 理解"平行四边形、梯形、圆"，知道"扇形"

解析：理解平行四边形、梯形和圆的概念，能描述它们的特征；知道扇形。

评价方法：纸笔测验［参见样例M2G_R5_E］、日常观察、档案袋评价等方法。

[样例M2G_R5_E]

从下面图形中找出平行四边形和梯形，并画出它们的高。

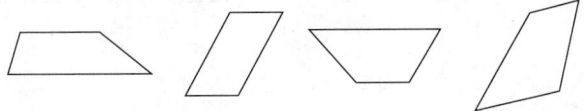

M2G_R6 理解"用圆规画圆"

解析：会用圆规画指定大小的圆。

评价方法：日常观察［参见样例M2G_R6_E］、纸笔测验等方法。

［样例M2G_R6_E］让学生用圆规画出指定的圆，观察学生能否顺利完成。例如，用圆规画一个半径是2 cm的圆，并用字母O、r、d标出它的圆心、半径和直径。

M2G_R7 理解"三角形及其特征"

解析：认识三角形，知道三角形各部分名称；了解并理解"三角形两边之和大于第三边"；知道并理解"三角形的内角和是180度"；知道"三角形的分类"，认识等腰三角形、等边三角形、直角三角形、锐角三角形、钝角三角形。

评价方法：纸笔测验［参见样例M2G_R7_E1］、日常观察［参见样例M2G_R7_E2］、档案袋评价［参见样例M2G_R7_E3］等方法。

［样例M2G_R7_E1］等边三角形的特点不包括（　）。

A. 三条边相等　　B. 有一个角是90°　　C. 轴对称图形　　D. 三个角相等

［样例M2G_R7_E2］让学生利用下面每组中的三根小棒，摆出一个三角形。观察学生得出判断的方法，如操作、计算、推理。

A. 2 cm，5 cm，10 cm　　　　　　　B. 4 cm，5 cm，10 cm

C. 5 cm，5 cm，10 cm　　　　　　　D. 5 cm，6 cm，10 cm

［样例M2G_R7_E3］在三角形的教学中，要求学生收集各种三角形图形、日常生活中利用三角形特征的实例，并与同学进行交流。教师对学生的表现进行评定，存入档案袋中。

M2G_R8 知道"从不同方向观察物体"

解析：能辨认从不同方向（前面、侧面、上面）看到的物体的形状图。

评价方法：纸笔测验［参见样例M2G_R8_E］、日常观察等方法。

［样例M2G_R8_E］观察下图，请指出从前面、右面、上面看到的相应图形。

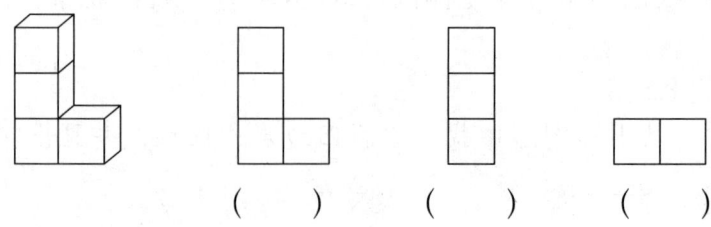

M2G_R9 知道"长方体、正方体、圆柱和圆锥"

解析：认识长方体、正方体、圆柱和圆锥，知道这些图形的特征。

评价方法：纸笔测验［参见样例 M2G_R9_E］、日常观察、档案袋评价等方法。

［样例 M2G_R9_E］下面图形中（　　）是圆柱。

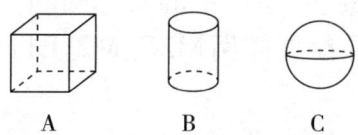

M2G_R10 知道"长方体、正方体和圆柱的展开图"

解析：认识长方体、正方体和圆柱的展开图，知道某展开图的各个部分与该几何形体的各个部分之间的对应关系。

评价方法：纸笔测验［参见样例 M2G_R10_E1］、日常观察［参见样例 M2G_R10_E2］、档案袋评价等方法。

［样例 M2G_R10_E1］想一想，用下面的纸板折一折，能得到什么图形，写在（　　）中。

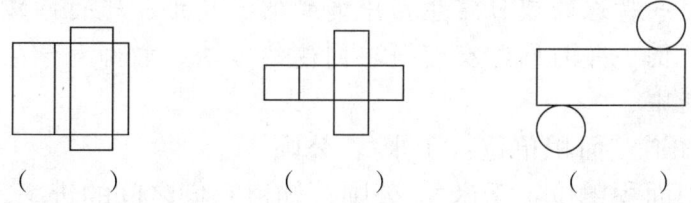

［样例 M2G_R10_E2］课堂上，让学生用长方形纸板制作一个长方形的无盖纸盒，观察学生能否顺利完成。

M2G_M 测量

M2G_M1 理解"量角；画指定度数的角"

解析：能用量角器量指定角的度数，能画指定度数的角，会用三角尺画 $30°$、$45°$、$60°$、$90°$ 角。

评价方法：纸笔测验［参见样例 M2G_M1_E1］、日常观察［参见样例 M2G_M1_E2］等方法。

［样例 M2G_M1_E1］量出下面图中各角的度数。

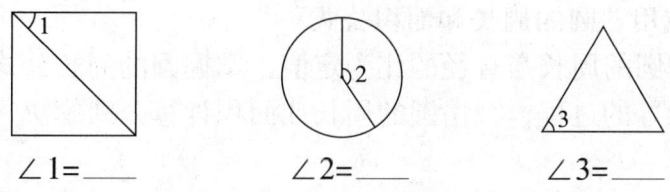

∠1=＿＿　　∠2=＿＿　　∠3=＿＿

[样例M2G_M1_E2] 让学生选择合适的方法画出下面各角，并说出它们分别属于哪一种角。观察学生能否正确完成。

10°　　　45°　　　60°　　　90°　　　105°　　　120°

M2G_M2 应用"三角形、平行四边形和梯形的面积公式"

解析：理解三角形、平行四边形和梯形面积公式，会用三角形、平行四边形和梯形的面积计算公式解决一些简单的实际问题。

评价方法：纸笔测验[参见样例M2G_M2_E1]、档案袋评价[参见样例M2G_M2_E2]等方法。

[样例M2G_M2_E1]

计算右面图形的面积。
你能想出几种方法？

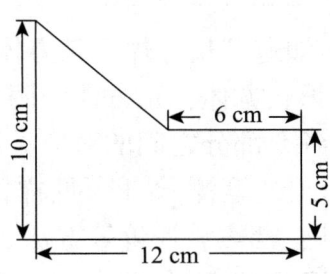

[样例M2G_M2_E2] 在三角形、平行四边形和梯形面积公式的教学中，要求学生收集一些特殊的或日常生活中遇到的三角形、平行四边形和梯形面积计算的问题或实例，并与同学交流解决问题的方法。教师对学生的表现进行评定，存入档案袋中。

M2G_M3 知道"面积单位：千米^2、公顷"

解析：认识面积单位：千米^2、公顷，知道它们之间的进率。

评价方法：纸笔测验[参见样例M2G_M3_E1、M2G_M3_E2]、档案袋评价等方法。

[样例M2G_M3_E1] 在括号里填上合适的单位。

（1）黑板面的大小是3（　　）；

（2）一个森林公园的面积约是5（　　）；

（3）上海市的面积大约是6340（　　）。

[样例M2G_M3_E2] 填空。

12平方千米=（　　）公顷　　30000平方米=（　　）公顷

100公顷=（　　）平方米　　6000000平方米=（　　）平方千米

M2G_M4 应用"圆的周长和面积公式"

解析：了解圆的周长与直径的比为定值，掌握圆的周长公式和圆的面积公式，理解公式推导的过程，会用圆的周长或面积计算公式解决一些简单的实际问题。

评价方法：纸笔测验［参见样M2G_M4_E1］、表现评定、档案袋评价［参见样例M2G_M4_E2］等方法。

［样例M2G_M4_E1］ 一块半圆形草坪的周长是128.5 m，这块草坪的占地面积是多少平方米？

［样例M2G_M4_E2］ 在圆的周长和圆的面积的教学中，要求学生收集一些特殊的或日常生活中遇到的圆的周长或圆的面积的计算问题或实例，并与同学交流解决问题的方法，教师对学生的表现进行评定，存入档案袋中。

M2G_M5理解"体积（包括容积）的意义和体积（容积）单位"

解析：知道体积（包括容积）的意义；了解度量单位（米^3、分米^3、厘米^3、升、毫升），能进行单位之间的换算，感受1米^3、1厘米^{3}以及1升、1毫升的实际意义。

评价方法：纸笔测验［参见样例M2G_M5_E1、样例M2G_M5_E2］、档案袋评价［参见样例M2G_M5_E3］等方法。

［样例M2G_M5_E1］ 在＿＿上填上合适的容积单位。

一瓶墨水　　　　一桶色拉油　　　　"神舟五号"载人航天飞船
约50＿＿＿　　　约5＿＿＿　　　　返回舱的容积为6＿＿＿

［样例M2G_M5_E2］

8.04 dm^3 =＿＿＿L =＿＿＿mL　　7.5 L =＿＿＿dm^3 =＿＿＿cm^3

2750 cm^3 =＿＿＿mL =＿＿＿L　　785 mL =＿＿＿cm^3 =＿＿＿dm^3

［样例M2G_M5_E3］ 在长方体和正方体的体积教学中，要求学生收集一些日常生活中表示物体体积或容积的实例，并与同学交流。教师对学生的表现进行评定，存入档案袋中。

M2G_M6应用"长方体、正方体、圆柱的体积和表面积；圆锥体积"

解析：理解并掌握长方体、正方体、圆柱的体积和表面积以及圆锥体积的计算方法，并能应用它们解决简单的实际问题。

评价方法：纸笔测验［参见样例M2G_M6_E1、M2G_M6_E2］、档案袋评价［参见样例M2G_M6_E3］等方法。

[样例M2G_M6_E1] 填空。

(1) 一个长方体的底面积是36 cm²,高是5 cm,它的体积是(　　)。

(2) 一个圆柱的直径是2 m,高是0.7 m,它的体积是(　　)。

[样例M2G_M6_E2] 把一块棱长10 cm的正方体铁块熔铸成一个底面直径是20 cm的圆锥形铁块。这个圆锥形铁块的高约是多少米?(得数保留整厘米。)

[样例M2G_M6_E3] 在长方体、正方体、圆柱、圆锥的教学中,要求学生收集一些特殊的或日常生活中遇到的长方体、正方体、圆柱、圆锥体积的计算问题或实例,并与同学交流解决问题的方法,教师对学生的表现进行评定,存入档案袋中。

M2G_M7理解"不规则图形的面积和体积"

解析:会用方格纸估计不规则图形的面积;理解某些实物(如土豆等)体积的测量方法。

评价方法:日常观察[参见样例M2G_M7_E1]、纸笔测验[参见样例M2G_M7_E2]等方法。

[样例M2G_M7_E1] 图中每个小方格为1个平方单位,试估计曲线所围部分的面积。

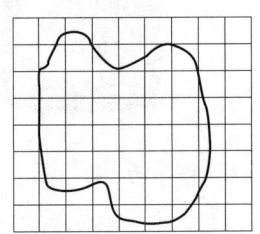

[说明] 组织活动前,应引导学生做好规划,确定估计方案。例如,粗略估计的方案,可以将小方格里有图形就记为1,无图形就记为0,然后相加求和;精细估计的方案,可以将小方格里的图形大于一半的记为1,小于一半的记为0,然后相加求和。让学生通过记录、计算、比较等,得到估计的结果。教师观察、记录,根据学生的表现作出评定。

[样例M2G_M7_E2] 一个水族箱长10 m,宽3 m,高4 m。把一条鲨鱼放入水族箱后,水面由3 m升至3.12 m。鲨鱼的体积有多少立方米?

M2G_T图形的运动

M2G_T1理解"轴对称图形、平移、旋转"

解析:认识对称、平移、旋转现象,并能在具体的情境中识别它们;认识轴对称图形,理解在方格纸上的一个轴对称图形的特征;理解在方格纸上一个简单图形沿水平方向、竖直方向平移的含义;理解在方格纸上一个简单图形旋转90°的含义。

评价方法：纸笔测验［参见样例 M2G_T1_E1］、内容分析［参见样例 M2G_T1_E2］等方法。

［样例 M2G_T1_E1］小船向右平移了____格。

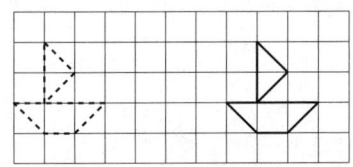

［样例 M2G_T1_E2］操作活动：图画还原。

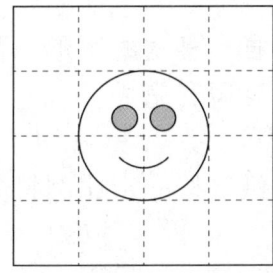 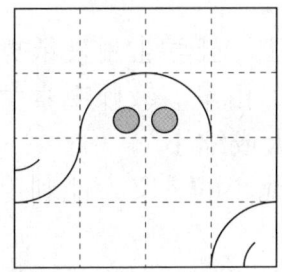

打乱由四块积木或者图画构成的平面画面，请学生还原并利用平移和旋转记录还原步骤，尝试寻找步骤最少的还原方案。教师观察、记录，根据学生的表现作出评定。

M2G_T2 应用"画对称轴、画轴对称图形、画平移和旋转90°后的图形，欣赏及设计图案"

解析：能在方格纸上画出轴对称图形的对称轴；能在方格纸上补全一个简单的轴对称图形；能在方格纸上按水平或垂直方向将简单图形平移，能在方格纸上将简单图形旋转90°；欣赏生活中的图案，运用平移、旋转和轴对称在方格纸上设计简单的图案。

评价方法：纸笔测验［参见样例 M2G_T2_E1、M2G_T2_E2］、日常观察［参见样例 M2G_T2_E3］等方法。

［样例 M2G_T2_E1］在下面的方格纸上分别画出将梯形向上平移3格、向左平移8格后得到的图形。

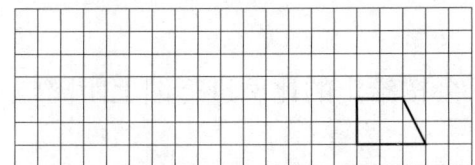

[样例M2G_T2_E2] 按对称轴画出另一半。

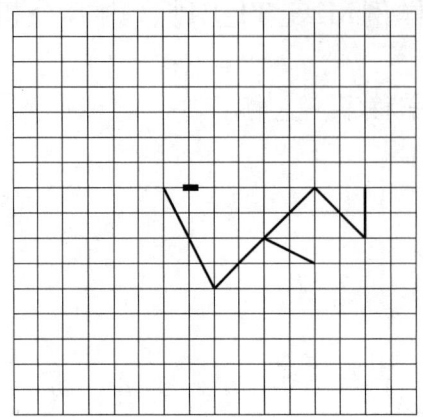

[样例M2G_T2_E3] 课堂上，让学生用硬纸剪一个自己喜欢的图形，再通过对称、平移或旋转画出美丽的图案。教师观察学生能否顺利完成。

M2G_T3 应用"图形的放大或缩小"

解析：知道把图形放大或缩小的含义，能利用方格纸等按一定比例将简单图形放大或缩小。

评价方法：纸笔测验 [参见样例M2G_T3_E]、日常观察等方法。

[样例M2G_T3_E]

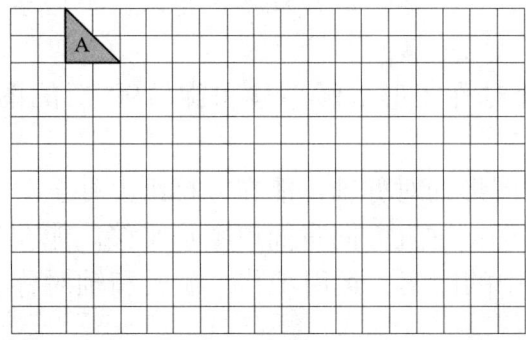

(1) 将三角形A的各条边按4∶1放大，得到三角形B。
(2) 将三角形B的各条边按1∶2缩小，得到三角形C。
(3) ____和____可由三角形A经过放大后得到；_____可由三角形C经过缩小后得到。

M2G_L 图形与位置

M2G_L1 应用"比例尺"

解析：了解比例尺；在具体情境中，会按给定的比例进行图上距离与实际距离的换算。

评价方法：纸笔测验 [参见样例M2G_L1_E1]、日常观察 [参见样例

M2G_L1_E2]、档案袋评价［参见样例 M2G_L1_E3］等方法。

［样例 M2G_L1_E1］明光小学新建教学楼的地基是长方形，长 80 m，宽 32 m。如果用 1∶400 的比例尺把它画在图纸上，图上长方形的长和宽各是多少？

［样例 M2G_L1_E2］课堂上，让学生在一张中国地图上，选取两个城市，量出它们在地图上的直线距离，再根据比例尺，算出这两个城市的实际距离。教师观察学生能否顺利完成。

［样例 M2G_L1_E3］在比例尺的教学中，要求学生收集日常生活中遇到的各种形式比例尺的实例，并与同学交流，教师对学生的表现进行评定，存入档案袋中。

M2G_L2 应用"根据物体相对于参照点的方向和距离确定位置；描述路线图"

解析：能根据物体相对于参照点的方向和距离确定其位置；会描述简单的路线图。

评价方法：纸笔测验［参见样例 M2G_L2_E1］、档案袋评价［参见样例 M2G_L2_E2］等方法。

［样例 M2G_L2_E1］

石油勘探队在 A 城东偏北 40°方向上，约 45 km 处打出一口油井。请你在平面图上确定油井的位置。

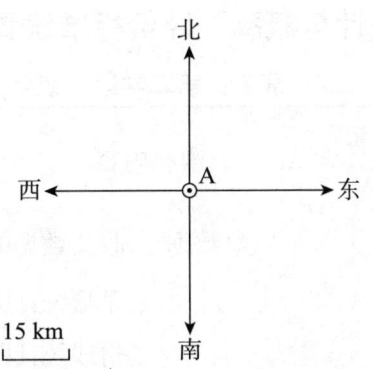

［样例 M2G_L2_E2］让学生表示从学校到家的行走路线。表示的方法有多种，可以用语言描述路线；可以画出路线的简单示意图，注明方向及途中的主要参照物；可以用实物模拟路线，等等。教师观察、记录，教师对学生的表现作出评定，并将学生作品存入档案袋中。

M2G_L3 应用"用数对表示位置"

解析：能在方格纸上用数对表示位置，知道数对（限于正整数）与方格纸上点的对应。

评价方法：纸笔测验［参见样例 M2G_L3_E］、日常观察等方法。

[样例M2G_L3_E] 小青坐在教室的第3行第4列，用数对表示是_____。

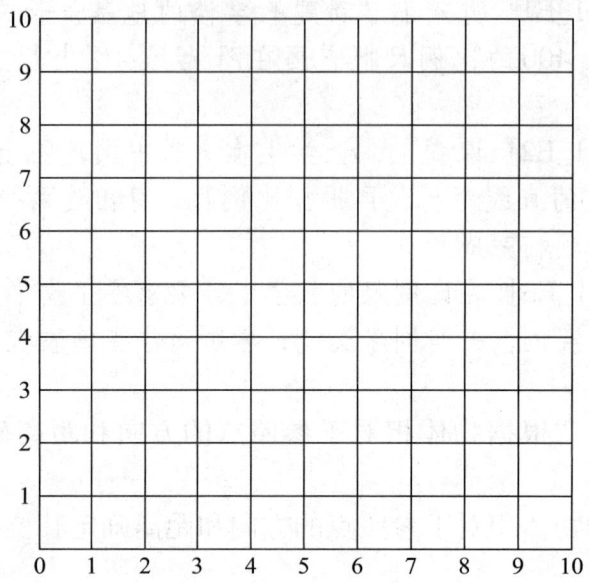

在上面的方格纸上描出来。在同样的规则下，小明坐在教室的第1行第3列，用数对表示是_____。

（三）"统计与概率"维度（M2S）

1. "统计与概率"评价标准设置

表7：第二学段"统计与概率"评价标准一览表

学科内容			能力		
			知道	理解	应用
统计与概率 M2S	简单数据统计过程 M2S_D	收集数据	收集数据的方法		√	
		整理数据	条形统计图			√
			折线统计图			√
			扇形统计图		√	
			平均数		√	
		分析数据	从媒体中获得数据信息	√		
			解释统计结果，作出简单的判断和预测			√
	随机现象发生的可能性 M2S_P		随机现象	√		
			随机现象结果发生的可能性		√	

2."统计与概率"(M2S)评价标准说明

M2S_D 简单数据统计过程

M2S_D1 理解"收集数据的方法"

解析:会根据实际问题设计简单的调查表,能选择适当的方法(如调查、试验、测量)收集数据。

评价方法:日常观察[参见样例M2S_D1_E1]、档案袋评价[参见样例M2S_D1_E2]等方法。

[样例M2S_D1_E1]让学生调查全班同学生日所在的月份,并记录下来。观察学生能否正确完成。

[样例M2S_D1_E2]每年测量一次自己的身高,放入档案袋里,学段末时,来分析自己的身高变化情况。

M2S_D2 应用"条形统计图"

解析:认识条形统计图,能选择条形统计图直观、有效地表示数据。

评价方法:日常观察[参见样例M2S_D2_E1]、纸笔测验[参见样例M2S_D2_E2]等方法。

[样例M2S_D2_E1]课堂上,出示一些条形统计图的实例,要求学生从中获得统计信息,并作出说明。

[样例M2S_D2_E2]

王东家4~8月电费情况统计表

月份	4月	5月	6月	7月	8月
电费/元	115	120	130	165	185

(1)根据统计表完成下面的统计图。

王东家4~8月电费情况统计图

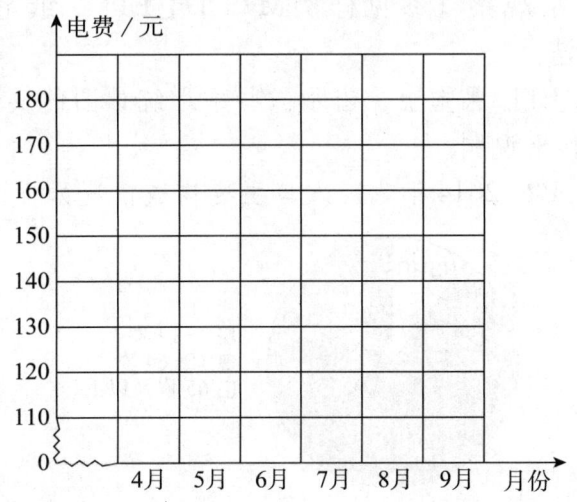

（2）你能分析一下这几个月王东家用电量越来越高的原因吗？

（3）从统计图中，你还获得了哪些信息？

M2S_D3 应用"折线统计图"

解析：认识折线统计图，能选择折线统计图直观、有效地表示数据。

评价方法：日常观察［参见样例M2S_D3_E1］、纸笔测验［参见样例M2S_D3_E2］等方法。

［样例M2S_D3_E1］课堂上，出示一些折线统计图的实例，要求学生从中获得统计信息，并作出说明。

［样例M2S_D3_E2］

下图是某地一天内一段时间的温度统计图。

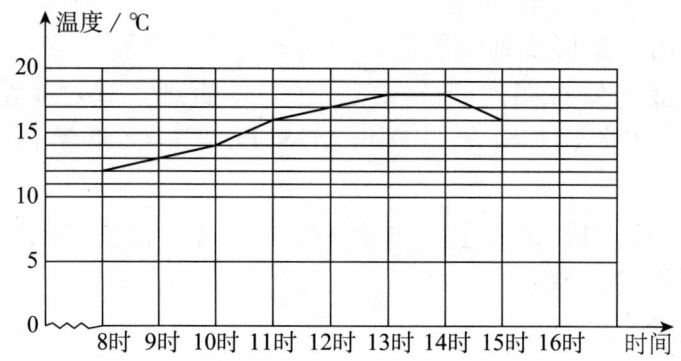

（1）从图中你能得到哪些信息？

（2）估计一下，下午4时的温度大概会是多少？

M2S_D4 理解"扇形统计图"

解析：认识扇形统计图，能选择扇形统计图直观、有效地表示数据。

评价方法：日常观察［参见样例M2S_D4_E1］、纸笔测验［参见样例M2S_D4_E2］等方法。

［样例M2S_D4_E1］课堂上，出示一些扇形统计图的实例，要求学生从中获得统计信息，并作出说明。

［样例M2S_D4_E2］2014年我国人口主要构成情况如下图。

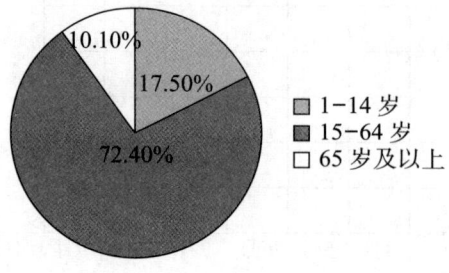

(1) 2014年我国15—64岁的人口占总人口的_____%。

(2) 你还能从上图中得到哪些信息？

M2S_D5 理解"平均数"

解析：体会平均数的意义，能计算平均数，能用自己的语言解释其实际意义。

评价方法：纸笔测验［参见样例 M2S_D5_E1］、日常观察［参见样例 M2S_D5_E2］等方法。

［样例 M2S_D5_E1］四（1）班第 2 组同学的身高和体重数据如下。

四（1）班第 2 组同学的身高统计表

姓名	李艳	王兵	赵红	刘明	陈霞	张江
身高/cm	142	139	139	142	143	141

四（1）班第 2 组同学的体重统计表

姓名	李艳	王兵	赵红	刘明	陈霞	张江
体重/kg	32	42	31	36	37	32

(1) 算出四（1）班第 2 组同学的平均身高和平均体重。

(2) 根据右边的标准，你认为王兵是（　　）。

A. 身高、体重都很正常

B. 身高正常，体重不正常

C. 身高不正常，体重正常

D. 身高和体重都不正常

中国 10 岁儿童身高、体重的正常值

性别	男生	女生
身高/cm	140	141
体重/kg	34	33

(3) 你对王兵的身体状况有哪些建议？

［样例 M2S_D5_E2］让学生在小组中讨论："小红所在的小组共有 8 人，上星期他们小组共得了 16 朵小红花，平均每人得了 2 朵，小红也一定得了 2 朵吗？为什么？"教师观察学生的发言，并根据学生的表现作出评定。

M2S_D6 知道"从媒体中获得数据信息"

解析：能从报纸、杂志、电视等媒体中，有意识地获得一些数据信息并能读懂简单的统计图表。

评价方法：日常观察［参见样例 M2S_D6_E1］、档案袋评价［参见样例 M2S_D6_E2］等方法。

［样例 M2S_D6_E1］课堂上，出示一些报纸、杂志上的统计图表，让学生从中获取信息并进行较合理的分析。

[样例M2S_D6_E2] 要求学生平时收集报纸杂志等媒体上出现的统计信息，在期末或学段末时，让同学们小组合作展示、交流自己档案袋中的成果。

M2S_D7 应用"解释统计结果，作出简单的判断和预测"

解析：能解释统计结果，根据结果作出简单的判断和预测，并能进行交流。

评价方法：纸笔测验［参见样例M2S_D7_E1］、日常观察［参见样例M2S_D7_E2］等方法。

［样例M2S_D7_E1］ 先锋小学图书馆上月借阅情况如右图。

（1）哪类图书借阅的人最多？哪类图书借阅的人最少？

（2）如果要购买一批新书，根据统计图提供的信息，你有什么建议？

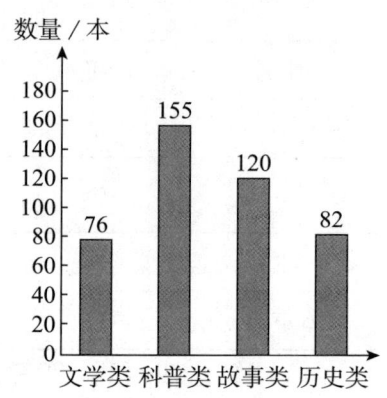

［样例M2S_D7_E2］ 课堂上，出示一些统计图表，让学生进行简单的判断和预测并进行讨论交流。例如：下图是美好商店去年羽绒服和游泳衣销售情况的折线统计图。

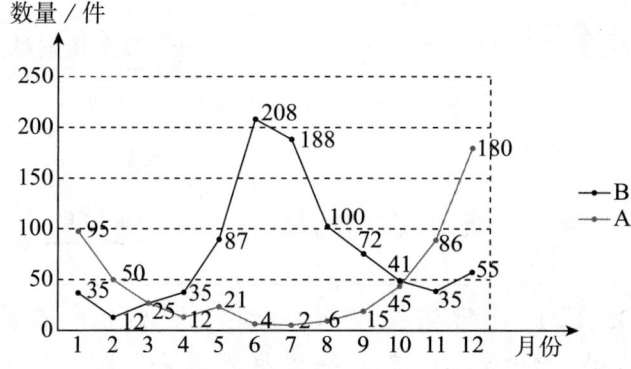

（1）从图中你能分析出A、B分别对应哪种商品的销售情况吗？

（2）这两种商品销售量分别在哪两个月之间上升最快？哪两个月之间下降最快？

（3）如果你是美好商店的经理，从上面的统计图中你能得到哪些信息？对你有什么帮助？

M2S_P 随机现象发生的可能性

M2S_P1 知道"简单的随机现象"

解析：结合具体情境，了解简单的随机现象；能列出简单的随机现象中所有可能发生的结果。

评价方法：纸笔测验［参见样例M2S_P1_E］。

［样例M2S_P1_E］下面的事件一定会发生的是（　　）。

A. 太阳每天东升西落　　　　B. 掷一枚硬币，数字朝上

C. 地球是绕着太阳旋转的　　D. 儿童节这天会下雨

M2S_P2 理解"随机现象结果发生的可能性"

解析：通过实验、游戏等活动，感受随机现象结果发生的可能性是有大小的，能对一些简单的随机现象发生的可能性大小作出定性描述，并能和同学交流。

评价方法：纸笔测验［参见样例M2S_P2_E1］、日常观察［参见样例M2S_P2_E2］等方法。

［样例M2S_P2_E1］旋转下面的转盘，下列说法正确的是（　　）。

A. 指针停在红色部分的可能性大

B. 指针停在黄色部分的可能性大

C. 指针停在红色和黄色部分的可能性一样大

D. 无法比较两种可能性的大小

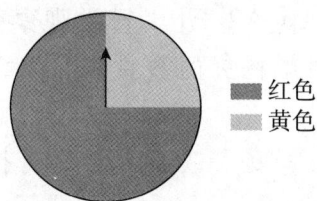

［样例M2S_P2_E2］课堂上，让学生玩转转盘、抛掷硬币等游戏，要求他们说出游戏结果的可能性大小。观察学生能否正确完成。

（四）"综合与实践"维度（M2Ap）

1."综合与实践"评价标准设置

表8：第二学段"综合与实践"评价标准一览表

学科内容		能力		
		知道	理解	应用
综合与实践 M2Ap	解决问题方法			√
	讨论与表达			√
	反思与概括		√	

2. "综合与实践"(M2Ap)评价标准说明

M2Ap_A1 应用"解决问题方法"

解析:能设计解决具体问题的方案,并加以实施,理解解决问题的具体步骤和方法,能根据问题的具体条件和实际需要,采用多种方法解决问题。

评价方法:设计方案 [参见样例 M2Ap_A1_E]、日常观察等方法。

[样例 M2Ap_A1_E] 设计"联欢会"经费预算的不同方案。

某班要举行"元旦联欢会",请各小组学生共同设计两个"联欢会"的经费支出预算方案(包括布置会场、活动道具、食品饮料等方面的支出),说明每个方案的特点。

[说明] 本活动的目的是了解学生能否综合运用数学知识和实际条件,从不同的角度思考问题并采用不同的方法解决问题。

M2Ap_A2 应用"讨论与表达"

解析:能通过小组合作研究,设计解决具体问题的方案,能通过小组和课堂发言等形式表达和交流研究的过程和结果,能通过小报告、小论文等形式交流成果。

评价方法:内容分析法 [参见样例 M2Ap_A2_E]、日常观察等方法。

[样例 M2Ap_A2_E] 统计居民日常使用塑料袋的数量。

小组同学共同完成:

(1)调查本班学生,统计出每个学生的家庭人数以及一周扔掉的垃圾袋数量,并将其表示出来。

(2)算出平均每个家庭(或每个人)一周扔掉的垃圾袋数量并将其表示出来。

(3)推算出全校(或本地区)的家庭一周、一个月、一年扔掉的垃圾袋数量,并将其表示出来。

(4)向全班同学介绍本组完成统计任务的过程和道理,写出调查统计报告。

[说明] 通过本活动考察学生是否体会统计的特点,即由部分可以推知整体;能否表达和交流研究的过程、方法、原理和结果。

M2Ap_A3 理解"反思与概括"

解析:能反思参与活动的全过程,总结参与数学活动的收获,进一步积累数学活动经验,了解所学知识之间的关联,加深对有关知识的理解,发展应用意识和能力。

评价方法:内容分析法 [参见样例 M2Ap_A3_E]、日常观察等方法。

[样例 M2Ap_A3_E] 设计一个调查方案,对市制计量单位进行调查。

(1) 了解日常生活中有哪些常用的市制计量单位。
(2) 弄清楚这些市制计量单位的含义。
(3) 用数学式子表示这些市制计量单位与相关国际计量单位之间的关系。
(4) 写一段话说明你完成作业的方法,如果遇到类似的作业,你会有什么改进。

[说明] 通过本活动考察学生是否会反思数学活动的过程与方法、总结收获和提出改进措施。

三、数学学习的情感和态度评价标准说明

ME_E "学习数学的情感体验"

解析:积极的情绪情感有助于学生感受数学魅力,敢于面对数学学习中的困难,并独立克服困难、运用所学知识成功解决问题。同时,它还是学生建立学好数学的自信心的前提和保证。消极的情绪情感对学生的数学学习有不利影响。

评价方法:问卷法[参见样例ME_E_E]、日常观察等方法。

[样例ME_E_E] 你喜欢做什么类型的数学题?
A. 非常具有挑战性的难题　　　B. 比较难的题目
C. 比较容易的题目　　　　　　D. 不喜欢做任何类型的数学题
E. 其他

ME_A "学习数学的态度"

解析:学生对数学学习的态度主要体现在学生能够认真参与数学学习活动,对不懂的地方或不同的观点提出疑问,发现错误能及时改正等方面。

评价方法:问卷法[参见样例ME_A_E]、日常观察等方法。

[样例ME_A_E] 如果你的数学作业有错题,你会怎么做?
A. 弄清问题,立即改正　　　　B. 把同学的正确答案抄一遍
C. 不管它,以后遇到类似问题再说　D. 其他

ME_I "数学学习的兴趣"

解析:对数学学习的兴趣直接决定了学生是否愿意亲近数学、了解数学、学习数学。兴趣使学生对周围环境中与数学有关的事物具有好奇心,愿意谈论与数学相关的话题,能够积极主动地从不同角度探究数学问题。

评价方法:问卷法[参见样例ME_I_E]、日常观察等方法。

[样例ME_I_E] 课后,你更愿意从事哪种活动?
A. 阅读故事书　　B. 做数学题　　C. 游戏　　D. 其他

第四部分 小学数学学业评价方法样例

一、纸笔测验样例

（一）第一学段纸笔测验样例

第一学段纸笔测验样卷1

1. 下面哪个图中的涂色部分能表示出0.05？

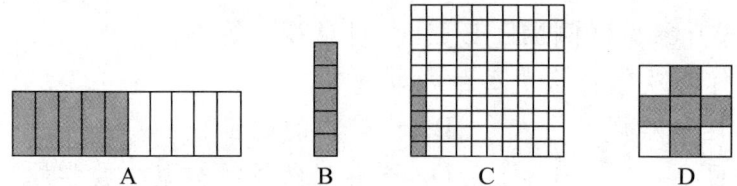

答案：C。
考查内容：小数。
考查能力：对小数概念的理解。

2. 18元钱买了3张公园门票，求每张门票多少元，用下列哪种方法计算？
   A. 加法　　　　B. 乘法　　　　C. 减法　　　　D. 除法
   答案：D。
   考查内容：四则运算的意义。
   考查能力：对除法概念的理解。

3. 奶奶等着看病，她挂的号是16号，现在已经看到第7号了，医生还要看几个病人，就轮到奶奶看病了？
   A. 8　　　　　　B. 9　　　　　　C. 7　　　　　　D. 6
   答案：A。
   部分正确：B。可能原因：用16－7来算。（分值：50%）
   考查内容：20以内的加减法。
   考查能力：对算法的掌握，解决实际问题的能力。

4. 小明今年12岁，爷爷比小明大58岁，爷爷今年多少岁？

   _____

   答案：12 + 58 = 70（岁）。
   完全正确：列式、计算都正确。（分值：100%）
   部分正确：列式正确，计算错误。（分值：50%）
   完全不正确：其他情形。（分值：0%）
   考查内容：100以内加减法计算。
   考查能力：对算法的掌握，解决实际问题的能力。

5. 下图是小军掷飞镖的情况，他一共得了多少分？

   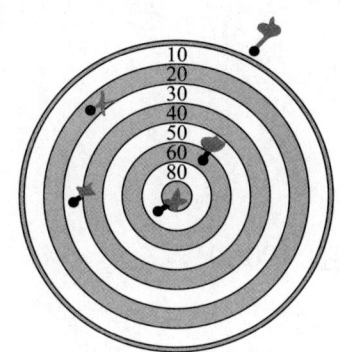

   飞镖游戏的计分方法：每次飞镖掷到镖靶上的哪个圆环里，这个圆环里的数就是这次的得分。飞镖掷在圆环外，得分是0。

   A. 200　　　　　B. 190　　　　　C. 180　　　　　D. 210

   答案：B。
   考查内容：万以内的口算加减法。
   考查能力：对算法的掌握、解决实际问题的能力。

6. 列竖式计算500 − 127。

   _____

   答案：373。
   完全正确：竖式计算过程正确，答案正确。（分值：100%）
   部分正确：竖式正确，计算错误。（分值：50%）
   考查内容：万以内的加减法。
   考查能力：对算法的掌握。

7. 下面哪组数的第二个数是由第一个数除以5得到的？
   A. 8 → 13　　　　B. 15 → 3　　　　C. 14 → 9　　　　D. 7 → 35
   答案：B。

考查内容：表内除法。

考查能力：对算法的掌握。

8. 爸爸经常给爷爷打电话，上个月共打了128分钟，如果每分钟付费3角钱，爸爸应付多少钱？

  答案：128×3 = 384（角）= 38元4角。

  完全正确：列式、计算都正确（得数也可以只是单名数）。（分值：100%）

  部分正确：列式正确，计算错误。（分值：50%）

  考查内容：多位数乘一位数。

  考查能力：对算法的掌握，解决实际问题的能力。

9.   36
  ×35

  答案：1260。

  完全正确：竖式计算过程正确，答案正确。（分值：100%）

  部分正确：法则正确，计算错误。（分值：30%）

  考查内容：两位数乘两位数。

  考查能力：对算法的掌握。

10. 列竖式计算 767÷9

  答案：85……2。

  完全正确：竖式计算过程正确，答案正确。（分值：100%）

  部分正确：法则正确，计算错误。（分值：50%）

  考查内容：多位数除以一位数。

  考查能力：对算法的掌握。

11. 小凡从家到学校要走450米，他早上去学校，下午放学回家。小凡一个星期（5天）要走多少米？

  答案：450×2×5 = 4500（米）

  完全正确：列式、计算都正确（允许不同列式，既可以综合列式，也可以分步列式）。（分值：100%）

部分正确：列式正确，计算错误。（分值：50%）

分步解决中只有前半部分列式与计算正确。（分值：50%）

分步解决中前半部分列式正确，计算不正确。（分值：25%）

完全不正确：其他情形。（分值：0）

考查内容：多位数乘一位数。

考查能力：对算法的掌握，用两步计算解决实际问题的能力。

12.

　　18元　　　　　47元　　　　　50元　　　　　45元

裤子和上衣为一套，买15套，一共要多少元？

答案：$(47+50)\times 15=1455$（元）。

完全正确：列式、计算都正确（允许不同列式，既可以综合列式，也可以分步列式）。（分值：100%）

部分正确：列式正确，计算错误。（分值：50%）

分步解决中只有前半部分列式与计算正确。（分值：50%）

分步解决中前半部分列式正确，计算不正确。（分值：25%）

完全不正确：其他情形。（分值：0）

考查内容：整数四则计算。

考查能力：对整数四则计算的掌握，利用四则运算解决实际问题的能力。

13. 红红家第一季度的电话费如下表，她家每年的电话费大约需要多少元？

月份	1月	2月	3月
钱数/元	215	197	189

A. 600元　　　B. 2400元　　　C. 2000元　　　D. 3000元

答案：B。

部分正确：A。可能原因：只估算出第一季度的电话费。（分值：50%）

考查内容：估算。

考查能力：用估算解决实际问题的能力。

14. 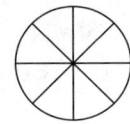 涂上不同的颜色表示这个圆的 $\frac{1}{4}$ 和 $\frac{5}{8}$。

涂色部分是这个圆的（　　），

没涂色的部分占这个圆的（　　）。

答案：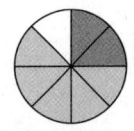，$\frac{7}{8}$，$\frac{1}{8}$。

部分正确：每一问占25%的分值。

考查内容：分数的含义，同分母分数加减法。

考查能力：对分数含义的理解和同分母分数加减法算法的掌握。

15. 小东站在小凳上能够得着上面的数字键吗？列算式计算并说明理由。

答案：够不着，因为0.2 + 0.8 = 1（米），1米＜1.2米。

部分正确：没说明理由。（分值50%）

部分正确：理由不完整（如没说明1米＜1.2米）。（分值95%）

考查内容：一位小数的加减法。

考查能力：对算法的掌握，解决实际问题的能力。

16. 圈出买台灯应付的钱数。

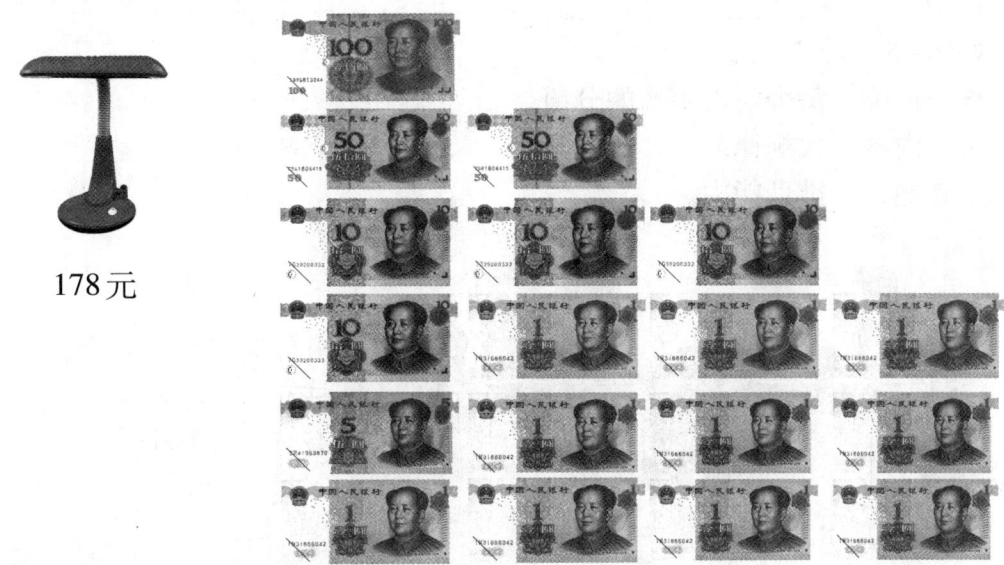

178元

答案：答案不唯一，只要圈出的钱数是178元都正确。
考查内容：人民币的认识。
考查能力：对人民币面值的认识。

17.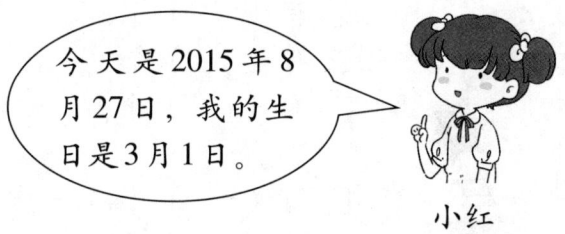

小红

再过（　　）个月零（　　）日就是小红的生日。
答案：6，2。
部分正确：每个空占50%的分值。
考查内容：年、月、日。
考查能力：对时间关系的掌握，对闰年的判断能力。

18. 小明的体重超重，暑假里他参加了减肥运动，20天体重减少了5（　　）。
　　A. 克　　　　　B. 千克　　　　　C. 吨
答案：B。
考查内容：克、千克、吨。
考查能力：对质量单位的掌握。

19. 按规律填数。

1　10　2　9　3　___　___　___　___

答案：8，4，7，5。

部分正确：每个空占25%的分值。

考查内容：找规律。

考查能力：推理能力。

20.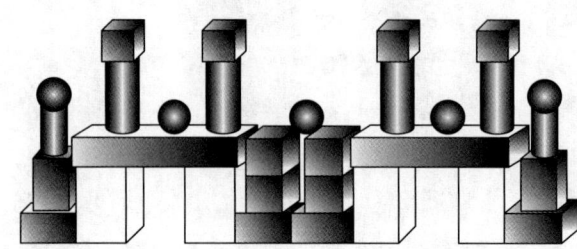

长方体有（　　）个，
正方体有（　　）个，
圆柱有（　　）个，
球有（　　）个。

答案：12，8，6，5。

部分正确：每个空占25%的分值。

考查内容：立体图形的认识。

考查能力：辨认立体图形的能力。

21.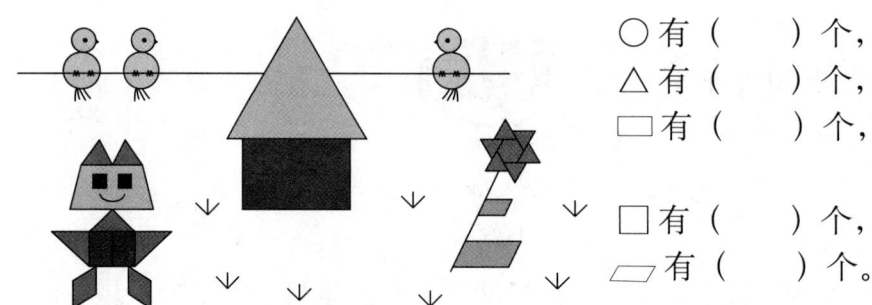

○有（　　）个，
△有（　　）个，
□有（　　）个，
▭有（　　）个，
▱有（　　）个。

答案：6，12，3，2，4。

部分正确：每个空占20%的分值。

考查内容：平面图形的认识。

考查能力：辨认平面图形的能力。

22. 下图中有（　）个锐角，（　）个直角，（　）个钝角。

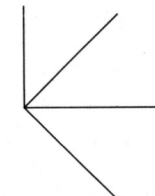

答案：3，2，1。
部分正确：每个空占33%的分值。
考查内容：角的认识。
考查能力：辨认各种角的能力。

23. 桌上放着一个玩具小丑，3名同学从各自的方向进行观察。请将每名同学看到的样子连起来。

答案：

考查内容：观察物体。
考查能力：空间观念的建立。

24. 小亮每天步行到学校，他家距离学校600（　　），他的数学书厚7（　　）。
　　A. 千米　　　B. 米　　　C. 分米　　　D. 厘米　　　E. 毫米
答案：B，E。
部分正确：每个空占50%的分值。

考查内容：长度单位。
考查能力：对长度单位的掌握。

25.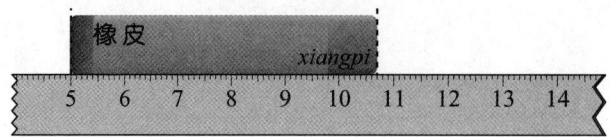

这块橡皮长（　　）。
答案：5厘米7毫米。
考查内容：长度单位。
考查能力：灵活解决实际问题的能力。

26. 一个长方形枕套长5分米，宽3分米。要给这个枕套围上一圈花边，现有2米长的花边，够用吗？

A．够　　　　B．不够

答案：A。
考查内容：周长。
考查能力：解决实际问题的能力。

27. 在（　　）里填上合适的面积单位。

数学书封面的面积约3（　　）　　黑板的面积约4（　　）　　邮票的面积约6（　　）　　篮球场的面积约420（　　）

答案：平方分米，平方米，平方厘米，平方米。
部分正确：每个空占25%的分值。
考查内容：面积单位。
考查能力：对面积单位的掌握。

28. 下面是长6分米，宽3分米的长方形，它的面积怎样计算？

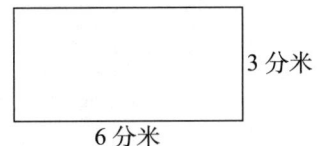

A．6＋3＋6＋3　　　B．(6＋3)×2　　　C．6×3　　　D．6＋3

答案：C。

考查内容：长方形面积。

考查能力：对长方形面积公式的掌握。

29. 下面哪些图形是由涂色图形通过旋转得到的？在这些图形上写上"旋转"。

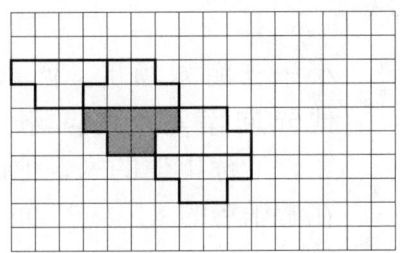

答案：

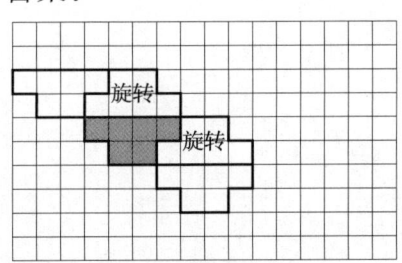

考查内容：旋转。

考查能力：对旋转概念的理解。

30. 哪个图形是由左边的三个图形通过平移拼成的？

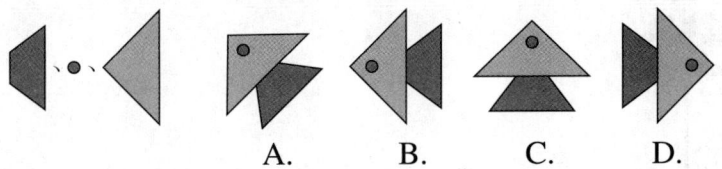

A.　　B.　　C.　　D.

答案：B。

考查内容：平移。

考查能力：对平移概念的理解。

31. 按要求写数和拼音。

(1) 把4写在7的右面，把8写在6的左面。

_____   _____

(2) 把m写在a的下面，把h写在b的上面。

_____   _____

答案：(1) 74，86。 (2)

部分正确：每小题占50%的分值，每小题中前半题和后半题各占25%的分值。
考查内容：上下、左右。
考查能力：对方位的掌握。

32. 小乐去游乐场玩。回家时，他先向南走，再向东走到家。请标出他的家，他的家在游乐场的（　　）面。

答案：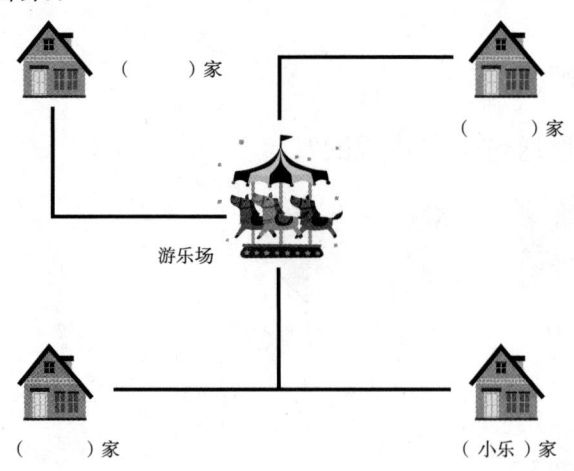

小乐去游乐场玩。回家时，他先向南走，再向东走到家。请标出他的家，他的家在游乐场的（东南）面。

部分正确：每一问占50%的分值。
考查内容：东、南、西、北。
考查能力：辨认方位的能力。

33. 给下面的学生分类。把分类的标准填在括号里，把分类的结果写在横线上。

（1）按（　　）分：_____　_____
（2）按（　　）分：_____　_____
答案：（1）按戴不戴帽子分：2，4，5，7，8　　1，3，6
　　　（2）按男女（或性别）分：1，4，6，7，8　　2，3，5
部分正确：每小题占50%的分值，每小题中分类标准和结果各占25%的分值。
考查内容：分类。
考查能力：对分类概念的理解。

34. 下面是某班同学最喜爱的蔬菜情况，请把统计结果填在表格中。

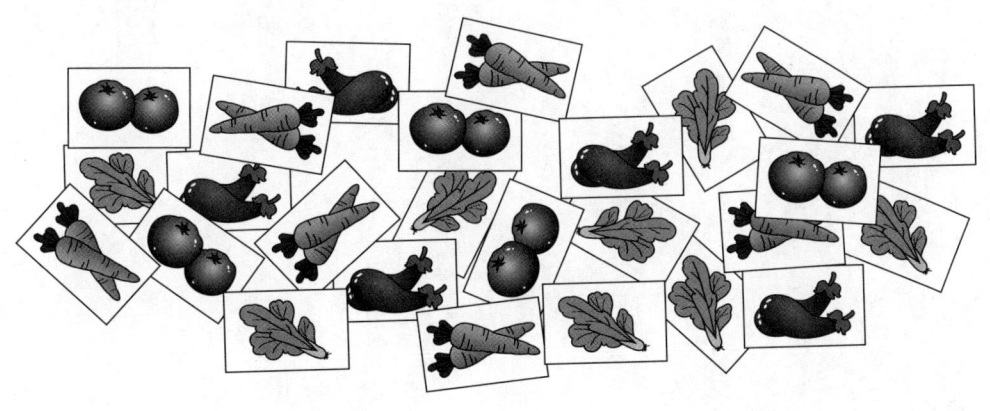

最喜欢吃的蔬菜				
人数/人				

答案：胡萝卜，7；白菜，8；茄子，6；西红柿，5。
部分正确：每一类占25%的分值。

考查内容：统计。

考查能力：整理数据的能力。

35. 下面是小红统计的某地三月份的天气情况。请填出雨天有多少天。

天气	☀	☁	🌧
天数	13	11	

这个月（　　）天最多，（　　）天最少，阴天比雨天多（　　）天。

答案：7，晴，雨，4。

部分正确：每一空占25%的分值。

考查内容：统计。

考查能力：分析数据的能力。

第一学段纸笔测验样卷2

1. 哪个图形中的涂色部分不能用 $\frac{1}{6}$ 表示？

   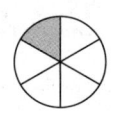　　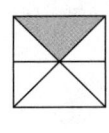　　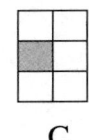　　

   　　A　　　　　　B　　　　　　C　　　　　　D

   答案：B。

   考查内容：分数。

   考查能力：对分数概念的理解。

2. 0.5和哪个数表示的意思相同？

   A. $\frac{1}{5}$　　　　B. 5　　　　C. $\frac{5}{10}$　　　　D. $\frac{5}{100}$

   答案：C。

   考查内容：小数。

   考查能力：对小数概念的理解。

3. 小明读一本书，每天读相同的页数。求一周共读多少页，应该用下面哪种方法计算？

   A. 乘法　　　　B. 加法　　　　C. 减法　　　　D. 除法

   答案：A。

   考查内容：四则运算的意义。

   考查能力：对乘法概念的理解。

4. 小明买了下面物品中的两件，他最多花了多少钱？

   　　　　　　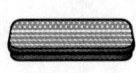

   5元　　　　　6元　　　　　8元

   A. 11元　　　　B. 8元　　　　C. 13元　　　　D. 14元

   答案：D。

   考查内容：20以内的加减法。

   考查能力：对算法的掌握，解决实际问题的能力。

5. 爸爸重71千克，比李林重35千克，李林有多重？

答案：71 - 35 = 36（千克）。

考查内容：100以内的加减法。

部分正确：列式正确，计算错误。（分值：50%）

考查能力：对算法的掌握，解决实际问题的能力。

6. 小明用计算器加402 + 319时，输成了202 + 319，不用重新输入怎么做就能得出正确结果？ 正确的结果是多少？

A. 再加200　　　B. 再加2　　　C. 再减200　　　D. 再减2

答案：A，721。

考查内容：万以内的加减法。

部分正确：每问占50%的分值。

考查能力：对算法的掌握，用数的组成灵活解决实际问题的能力。

7. 在□里填上适当的数。

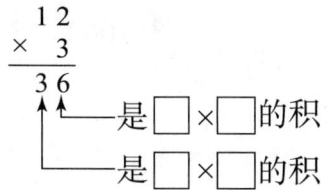

答案：2，3，10，3。

部分正确：每个空占25%的分值。

考查内容：多位数乘一位数。

考查能力：对多位数乘一位数算理的理解。

8. 一双女鞋125元，是一双童鞋价格的5倍，一双童鞋多少钱？

答案：125 ÷ 5 = 25（元）

部分正确：列式正确，计算错误。（分值：50%）

考查内容：多位数乘一位数。

考查能力：对倍的概念的理解，解决实际问题的能力。

9. 列竖式计算：37 × 26。

答案：962。

部分正确：竖式正确，计算错误。（分值：30%）

考查内容：两位数乘两位数。

考查能力：对算法的掌握。

10. 下面的题如果商是两位数，□中可能是哪些数？

    6) □**

    A. 1，2，3，4，5，6
    B. 6，7，8，9
    C. 1，2，3，4，5
    D. 5，6，7，8，9
    答案：C。
    考查内容：多位数除以一位数。
    考查能力：对算法的掌握。

11. □÷8=14……○，○最大是（　　），这时□是（　　）。
    答案：7，119。
    部分正确：余数正确，计算错误。（分值：50%）
    考查内容：多位数除以一位数。
    考查能力：对除法各部分间的关系的掌握。

12. 订一份《百科知识》杂志半年需要24元，王杰想订阅3个月，共需要多少钱？
    答案：$24 \div 6 \times 3 = 12$（元）或 $24 \div 2 = 12$（元）。
    完全正确：列式、计算都正确（允许不同列式，既可以综合列式，也可以
             分步列式）。（分值：100%）
    部分正确：列式正确，计算错误。（分值：50%）
             分步解决中只有前半部分列式与计算正确。（分值：50%）
             分步解决中前半部分列式正确，计算不正确。（分值：25%）
    完全不正确：其他情形。（分值：0）
    考查内容：多位数乘、除以一位数。
    考查能力：对算法的掌握，用两步计算解决实际问题的能力。

13. 下面哪个算式要先算60－18？
    A. $6 \times 60 - 18$　　B. $60 - 18 + 6$　　C. $70 - 60 - 18$　　D. $60 - 18 \div 6$
    答案：B。
    考查内容：混合运算。
    考查能力：对混合运算顺序的掌握。

14. 一名老师带了五十几名学生到公园游玩，公园门票是成人票每人15元，学生票每人6元，他们预备了400元门票钱够吗？说明理由。

_____

答案：够。把五十几看作60，60×6＝360（元），360＋15＜400。
完全正确：答案正确，理由合理。（分值：100%）
部分正确：答案正确，理由不完整。（分值：90%）
部分正确：没说明理由。（分值：50%）
考查内容：估算。
考查能力：用估算解决实际问题的能力。

15. 一个饼，小红吃了这个饼的 $\frac{1}{4}$，爸爸吃了这个饼的 $\frac{1}{3}$，小红和爸爸谁吃得多？

  A．小红多 B．一样多 C．爸爸多
答案：C。
考查内容：分数的大小比较。
考查能力：对分数含义的理解。

16. 一个架子长88.5厘米，放上一个长27.8厘米的盒子后，还能放下哪个盒子？
  A．长63.5厘米 B．长72.4厘米 C．长62.8厘米 D．长60.7厘米
答案：D。
考查内容：一位小数的加减法。
考查能力：对算法的掌握，解决实际问题的能力。

17. 小明买了一个5.5元的球拍，下面是他付的钱数，哪种付法不正确？

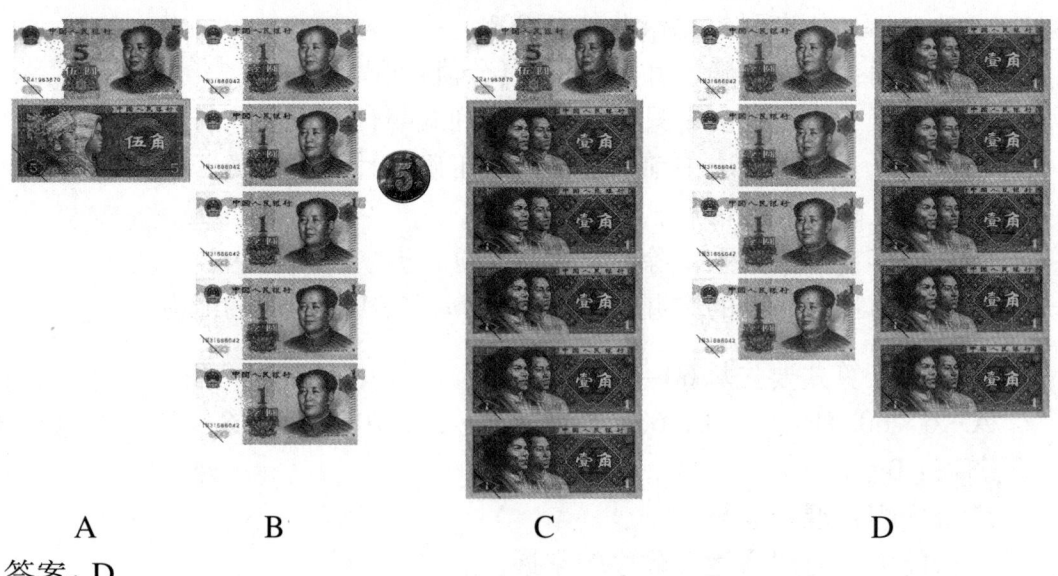

  A   B   C   D
答案：D。

考查内容：人民币的认识。

考查能力：对人民币的认识。

18. 下面是一个交通岗亭的交警叔叔换岗的时间表。

换岗时间	
第一次	7：00
第二次	8：30
第三次	10：00
第四次	

根据换岗的时间规律，第四次的换岗时间是多少？

A. 11：30　　　　B. 11：00　　　　C. 10：30　　　　D. 12：00

答案：A。

考查内容：时、分、秒。

考查能力：时间的计算。

19. 下面是一份"停电检修预告"。

7月30日
8：10—10：30 珞南片区
10：00—11：30 丽水小区
13：00—15：00 桂苑片区
14：30—16：20 学院路沿线

小东下午1：30回到家，发现家里停电了。他家在哪儿？

A. 珞南片区　　　B. 丽水小区　　　C. 桂苑片区　　　D. 学院路沿线

答案：C。

考查内容：24时记时法。

考查能力：对24时记时法的理解、解决实际问题的能力。

20. 在括号里填上合适的时间单位。

(1) 小学生上完小学需要6（　　　）。

(2) 我国每周的工作或学习时间是5（　　　）。

(3) 一学期是5（　　　）的时间。

答案：年，日（或天），个月（或月）。

考查内容：年、月、日。

考查能力：对时间单位的掌握。

21. 一个足球有多重?

 A. 1吨　　　　B. 15千克　　　　C. 500克　　　　D. 2分米

答案：C。

考查内容：质量单位。

考查能力：对质量单位的掌握。

22. 下面的每个物体都是什么形状的？请照样子用文字标出来。

答案：

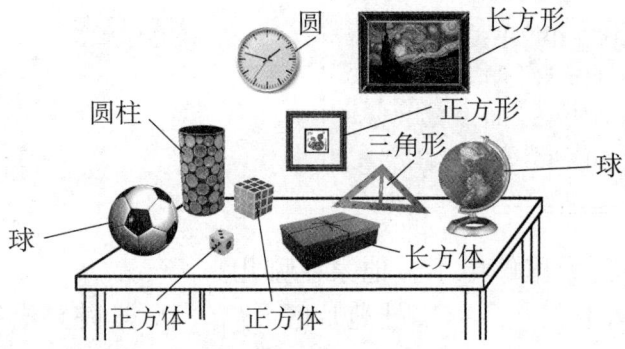

部分正确：每个物体的形状占10%的分值。

考查内容：立体图形的认识。

考查能力：辨认立体、平面图形的能力。

23. 哪种水果既在长方形里又在圆里，但不在三角形里？

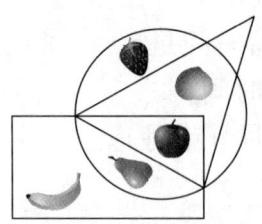

 A. 梨　　　　B. 香蕉　　　　C. 苹果　　　　D. 桃

答案：A。

考查内容：平面图形的认识。

考查能力：辨认平面图形以及简单的推理能力。

24. 画一个锐角和一个钝角。

   答案：略。

   考查内容：角的认识。

   考查能力：对锐角、钝角概念的理解。

25. 这根绳子有多长？

   A. 5厘米　　　　B. 10厘米　　　　C. 20厘米　　　　D. 30厘米

   答案：B。

   考查内容：长度单位。

   考查能力：长度观念的建立。

26. 下面这个四边形的周长是60厘米，它的第四边是多长？

   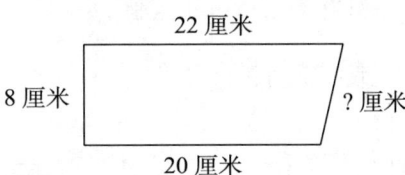

   A. 8厘米　　　　B. 10厘米　　　　C. 20厘米　　　　D. 9厘米

   答案：B。

   考查内容：周长。

   考查能力：对周长概念的理解。

27. 下面的方格是由1平方厘米的正方形组成的，完成方格上面的图形使它的面积是12平方厘米。

   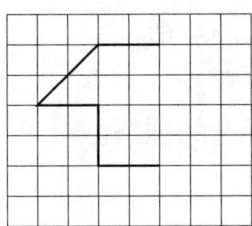

答案：答案不唯一，只要围出的图形面积是12平方厘米即可。示例如下。

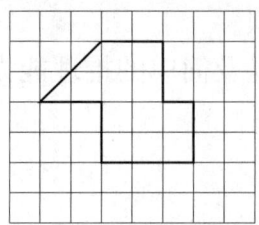

考查内容：面积概念。
考查能力：对面积概念的理解。

28. 下面长方形的长边摆满了1平方厘米的正方形，它的面积是多少平方厘米？

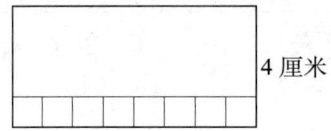

A. 12　　　　　B. 24　　　　　C. 32　　　　　D. 8

答案：C。
考查内容：长方形面积计算。
考查能力：对长方形面积计算公式的理解。

29. 在括号中填上"平移"或"旋转"。

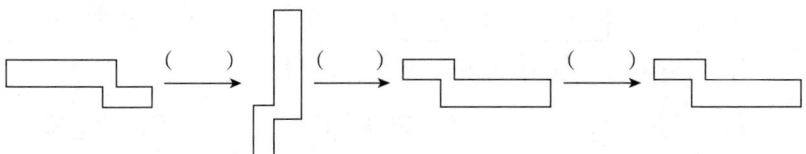

答案：

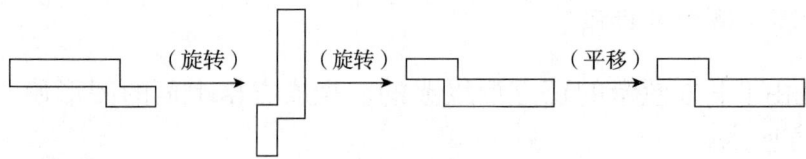

部分正确：每个空各占33%的分值。
考查内容：旋转、旋转、平移。
考查能力：对旋转、平移概念的理解。

30. 下面哪些图形不能由 通过旋转得到？

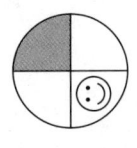 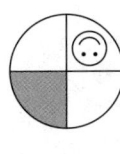  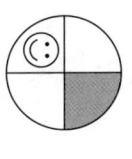
　　A　　　　　　B　　　　　　C　　　　　　D

答案：C。

考查内容：旋转。

考查能力：对旋转概念的理解。

31. 下面哪些图形是对称的？在括号里画"√"。

（　）　　　　（　）　　　　（　）

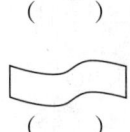　　　　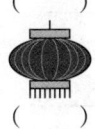　　　　
（　）　　　　（　）　　　　（　）

答案：

（√）　　　　（　）　　　　（　）

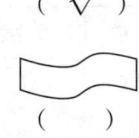　　　　　　　　
（　）　　　　（√）　　　　（　）

部分正确：两个答案各占50%的分值。

考查内容：轴对称图形。

考查能力：对轴对称图形概念的理解。

32. 按要求画图形，画好后想一想像什么（不用写出来）。

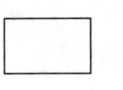　　　　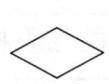　　

在上面画　　在下面画　　在左面画　　在右面画
一个△　　　一个〇　　　一个小▷　　一个小▷

答案：

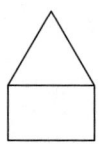 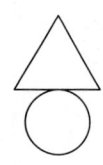 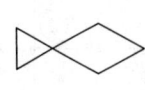

考查内容：上下、左右。
考查能力：对方位的辨别能力。

33. 把下面的饼干分成3类。把分类标准填在括号里，把分类结果按序号写在横线上。

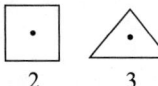 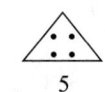 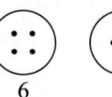 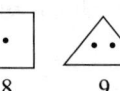

按（　　　）分：_____　_____　_____
答案：按形状分：1，6，7　　3，5，9　　2，4，8
　　　或按点数分：2，3，8　　1，7，9　　4，5，6
部分正确：分类标准和分类结果各占50%的分值。
考查内容：分类。
考查能力：对分类概念的理解。

34. 下面是三（1）班同学上学期体育成绩记录表。

学号	成绩	学号	成绩	学号	成绩	学号	成绩	学号	成绩
1	优	8	良	15	优	22	良	29	优
2	优	9	达标	16	良	23	良	30	良
3	良	10	良	17	良	24	优	31	达标
4	达标	11	待达标	18	优	25	良	32	良
5	优	12	良	19	良	26	达标	33	待达标
6	达标	13	达标	20	达标	27	达标	34	良
7	良	14	良	21	达标	28	良	35	优

分类统计一下，把结果填在下面的表格中。

成绩				
人数/人				

答案：

成绩	优	良	达标	待达标
人数/人	8	16	9	2

考查内容：统计。

考查能力：整理数据的能力。

35. 下图是一个班第一组学生的身高的统计情况。刘颖最高，方欣最矮，赵伟和王进一样高，都比李平矮。李平有多高？

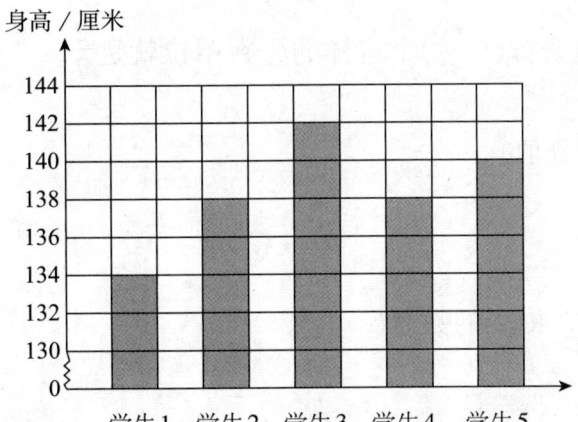

第一组学生身高统计图

A. 134厘米　　　B. 138厘米　　　C. 140厘米　　　D. 142厘米

答案：C。

考查内容：统计。

考查能力：分析数据的能力。

（二）第二学段纸笔测验样例

第二学段纸笔测验样卷1

1. 某地今天最低气温 -3℃，昨天最低气温 -7℃。和昨天相比，今天是升温了还是降温了？（　　）

   答案：升温了。

   考查内容：负数。

   考查能力：对负数概念的理解。

2. $2\frac{2}{7}$ 的分数单位是(　　)，它再去掉(　　)个这样的分数单位就是 $\frac{2}{7}$。

   答案：$\frac{1}{7}$，14。

   部分正确：每个括号占50%的分值。

   考查内容：分数。

   考查能力：对分数概念的理解。

3. 在 $\frac{1}{3}$，0.333，33% 这三个数中，最小的数是(　　)。

   答案：33%。

   考查内容：小数。

   考查能力：对小数概念的理解。

4. 186÷[92 – (56 – 26)] 第一步计算（　　），第二步计算（　　）。

   答案：56 – 26，92 – 30 或 92 – (56 – 26)。

   部分正确：每个括号各占50%的分值。

   考查内容：四则混合运算。

   考查能力：对四则混合运算顺序的掌握。

5. $(a \times b) \times c = b \times (a \times c)$ 中运用的运算定律是（　　）。

   A. 仅用了乘法结合律

   B. 仅用了乘法交换律

   C. 同时用了乘法交换律和乘法结合律

   D. 同时用了加法结合律和乘法结合律

   答案：C。

考查内容：运算定律。

考查能力：对运算定律的掌握。

6. 小明读一本书，第一天读了48页，第二天读的页数是第一天的$\frac{7}{12}$。两天一共读了多少页？

答案：$48 + 48 × \frac{7}{12}$ =76（页）或 $48 × (1 + \frac{7}{12})$ =76（页）。

完全正确：列式、计算都正确（允许不同列式，既可以综合列式，也可以分步列式）。（分值：100%）

部分正确：列式正确，计算错误。（分值：50%）

    分步解决中只有前半部分列式与计算正确。（分值：50%）

    分步解决中前半部分列式正确，计算不正确。（分值：25%）

完全不正确：所有列式都不正确。（分值：0）

考查内容：分数计算。

考查能力：对分数四则混合运算算法的掌握，利用分数计算解决实际问题的能力。

7. 计算96.47– 25.68 + 4.32 + 3.53。

答案：78.64。

考查内容：小数计算。

考查能力：对小数四则混合运算算法的掌握。

8. 计算$(\frac{5}{12} – 0.25) ÷ (5 – 3.5)$。

答案：$\frac{1}{9}$。

考查内容：整、小、分数四则混合运算。

考查能力：对整、小、分数四则混合运算算法的掌握。

9. 今年小明11岁，爸爸38岁。当小明a岁时，爸爸（ ）岁。

答案：$a + 27$。

考查内容：用字母表示数。

考查能力：对用字母表示数方法的掌握。

10. 解方程$25(x – 0.75) = 12.5$。

答案：$x = 1.25$。

完全正确：每一步解答过程及答案都正确。（分值：100%）

部分正确：解答过程正确，得数错误。（分值：50%）

完全不正确：解答过程不正确。（分值：0）

考查内容：解方程。

考查能力：对方程解法的掌握。

11. 学校新买了一些课桌椅，共花了3750元。已知课桌的总价比椅子的总价多1250元。椅子的总价是多少？（列方程解决问题。）

_____

答案：设椅子的总价是x元。$x + (x + 1250) = 3750$，$x = 1250$。

完全正确：列方程和解方程过程都正确。（分值：100%）

部分正确：列方程正确，解方程过程不正确。（分值：50%）

完全不正确：列方程不正确。（分值：0）

考查内容：列方程解决实际问题。

考查能力：列方程解决问题的能力。

12. 一座宝塔高25 m，现在要制作这座宝塔的模型，模型与宝塔的高度比是1∶50。模型高多少？

_____

答案：设模型高x cm。$\dfrac{x}{2500} = \dfrac{1}{50}$，$x = 50$。

完全正确：设未知数、列比例式、解比例等过程均正确。（分值：100%）

部分正确：设未知数、列比例式等过程正确，解比例错误。（分值：50%）

完全不正确：设未知数、列比例式等过程不正确。（分值：0）

考查内容：解比例。

考查能力：对解比例方法的掌握，利用比例解决实际问题的能力。

13. 一批水果，如果5 kg装一袋，可以装24袋。如果3 kg装一袋，可以装多少袋？

_____

答案：$24 × 5 ÷ 3 = 40$（袋）或设可以装x袋。$3x = 5 × 24$，$x = 40$。

完全正确：列式与计算都正确。（分值：100%）

部分正确：列式正确，计算错误。（分值：50%）

完全不正确：列式不正确。（分值：0）

考查内容：正比例和反比例。

考查能力：利用反比例关系解决实际问题的能力。

14. 请根据前面五个数的排列规律在（ ）里填上适当的数。

   2   5   10   17   26   （ ）

   答案：37。

   考查内容：找规律。

   考查能力：发现规律的能力。

15. 判断：在直线、射线、线段中，只有线段可以量出长度。（ ）

   答案：正确。

   考查内容：线段、射线和直线。

   考查能力：对线段、射线和直线等概念的理解。

16. 判断：同一平面的两条直线不是平行就是垂直。 （ ）

   答案：错误。

   考查内容：平面内两条直线的位置关系。

   考查能力：对平面内两条直线位置关系的理解。

17. 只有一组对边平行的四边形是（ ），两组对边分别平行的四边形是（ ）。

   答案：梯形，平行四边形。

   部分正确：每个答案占50%的分值，第二个答案填长方形或正方形或矩形或菱形，可得25%的分值。

   考查内容：平行四边形、梯形。

   考查能力：对平行四边形、梯形概念的理解。

18. 下面第（ ）组中的三根小木棒不能搭成一个三角形。

   (1) 3 cm、4 cm、5 cm   (2) 4.5 cm、4 cm、7 cm

   (3) 20 cm、15 cm、40 cm   (4) 7 cm、10 cm、15 cm

   答案：(3)。

   考查内容：三角形的特征。

   考查能力：对三角形性质的理解。

19. 从不同的位置观察 ，从（ ）观察到的图形是 。

   A. 左面   B. 上面   C. 右面   D. 正面

   答案：B。

   考查内容：从不同方向观察物体。

考查能力：空间观念的建立。

20. 一个等腰三角形中，如果底角是30°，那么顶角是（　　）°。
    答案：120。
    考查内容：三角形内角和。
    考查能力：利用三角形内角和的性质解决实际问题的能力。

21. 下图中，如果平行四边形ABCD的面积是30 cm²，那么三角形BCE的面积是（　　）cm²。

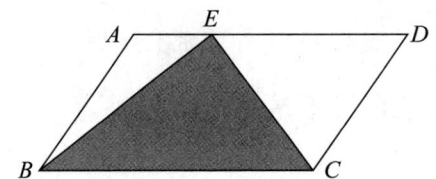

    答案：15。
    考查内容：三角形、平行四边形的面积。
    考查能力：对三角形、平行四边形面积计算公式的掌握。

22. 在（　　）里填上适当的数或单位名称。
    2.5平方千米=（　　）公顷　　500公顷=（　　）平方千米
    3公顷=30000（　　）　　　　3200000平方米=3.2（　　）
    答案：250，5，平方米，平方千米。
    部分正确：每个答案占25%的分值。
    考查内容：平方千米、公顷。
    考查能力：对面积单位换算方法的掌握。

23. 右图中的半圆形花圃的面积是39.25 m²，沿着这个花圃修一个围栏，围栏的长度是多少？

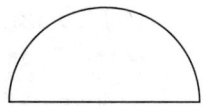

    答案：25.7 m。
    部分正确：只计算了半圆的周长，而没有加上直径。（分值：50%）
    考查内容：圆的周长和面积。
    考查能力：利用圆的周长和面积公式解决实际问题的能力。

24. 一瓶酱油的体积大约是500（　　）。
    答案：mL。

考查内容：容积单位。
考查能力：对容积概念的理解。

25. 长方体的长、宽、高分别为三个连续自然数，它们的和为 12 cm。这个长方体的体积是多少？

    _____

    答案：60 cm³。
    部分正确：只计算出长、宽、高分别是 3 cm、4 cm、5 cm，而没有正确计算体积。（分值：50%）
    考查内容：长方体的体积。
    考查能力：对长方体体积计算公式的掌握。

26. 把一块假山石放进长 1 m、宽 0.5 m、高 0.5 m 的鱼缸里，水面上升了 5 cm。这块假山石的体积是多少？

    _____

    答案：0.025 m³（其他等值答案）。
    考查内容：不规则物体的体积。
    考查能力：利用规则物体的体积计算求不规则物体的体积方法的掌握。

27. 在轴对称图形下面的（　）里画上"√"。

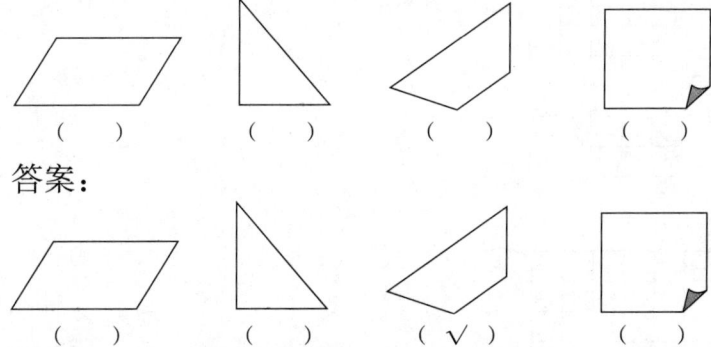

    答案：

    考查内容：轴对称图形。
    考查能力：对轴对称图形性质的理解。

28. 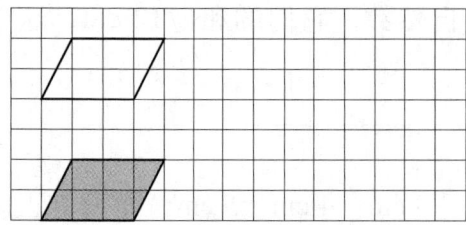是由向（　　）平移（　）格得到的。请在图中画出向右平移5格后得到的图形。

答案：向下，4格。

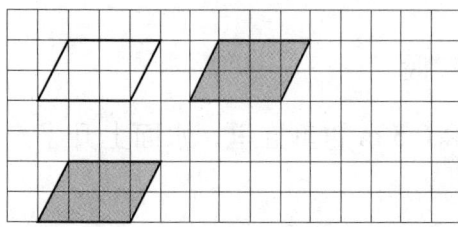

部分正确：前一问题及画图各占50%的分值。
考查内容：平移。
考查能力：对平移性质的理解。

29. 画出下图中梯形按3∶1放大后的图形。

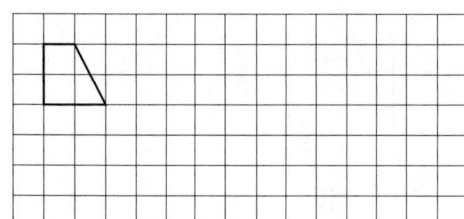

答案：

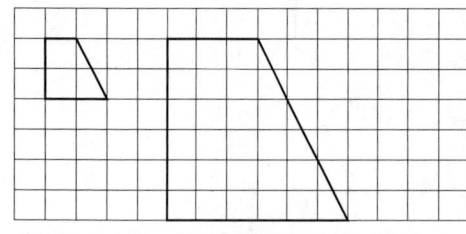

考查内容：图形的放大与缩小。
考查能力：对图形放大与缩小方法的掌握。

30. 甲乙两地间的铁路线长500 km，在一幅地图上这条铁路线长5 cm，这幅地图的比例尺是（　　　　）。
答案：1∶10000000。

考查内容：比和比例。

考查能力：对比例尺概念的理解。

31. 超市在小红家北偏东45°方向上，距小红家1 km。书店在小红家东偏北45°方向上，距小红家3 km。超市和书店相距多远?

答案：2 km。

考查内容：位置与方向。

考查能力：对用方向和距离确定位置方法的掌握。

32. 下表是2006年部分国家二氧化碳总排量的情况。

国家	美国	中国	俄罗斯	印度	日本
二氧化碳总排量/亿吨	28	27	6.61	5.83	4

请你完成相应的条形统计图。

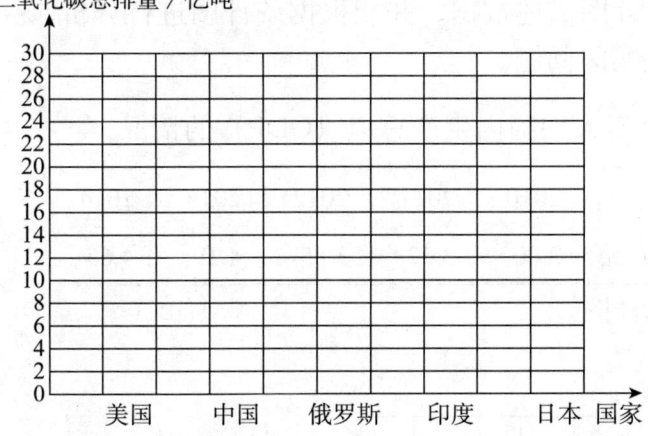

(1) 2006年，美国的二氧化碳总排量是日本的（　　）倍。

(2) 2006年，俄罗斯、印度和日本三国的二氧化碳总排量的总和，是美国的二氧化碳总排量的（　　）%。（百分号前面取两位小数。）

答案：

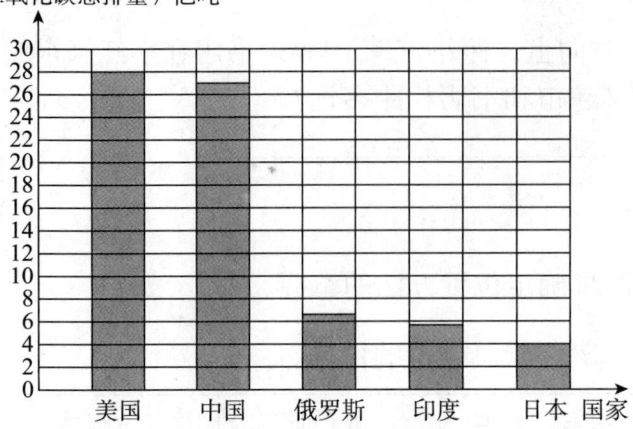

(1) 7 ；(2) 58.71%。

部分正确：绘制统计图占40%的分值，两个小题各占30%的分值。

考查内容：条形统计图，百分数。

考查能力：会用条形统计图描述数据，并能根据统计图进行分析，会利用百分数解决实际问题。

33. 下面是我国2010—2014年人均国内生产总值（GDP）的情况。

年度	2010	2011	2012	2013	2014
人均国内生产总值/万元	3.00	3.52	3.85	4.19	4.65

请你完成相应的折线统计图。

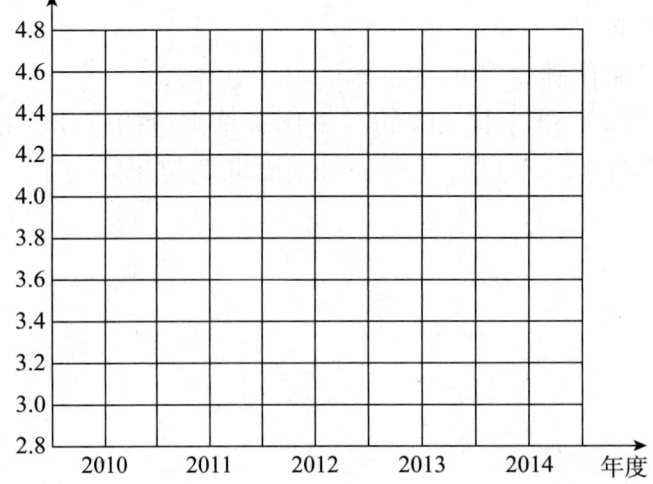

(1) 我国的人均国内生产总值呈逐年（　　　）的趋势。
(2) 2014年的人均国内生产总值比2010年增加了（　　　）%。（百分号前面取两位小数。）

答案：

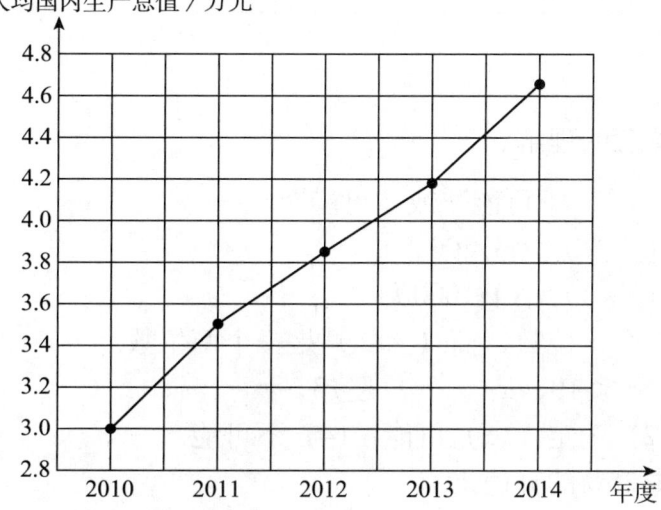

（1）上升；（2）55%。

部分正确：绘制统计图占40%的分值，两个小题各占30%的分值。

考查内容：折线统计图，百分数。

考查能力：会用折线统计图描述数据，并能根据统计图进行分析，会利用百分数解决实际问题。

34. 新风商场销售A、B、C、D四个品牌的空调，8月份共销售了240台空调，四个品牌的销售情况如下表。

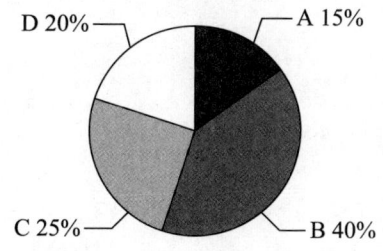

销量最大的品牌比销量最小的品牌多销售了多少台？

_____

答案：60台。

考查内容：扇形统计图，百分数。

考查能力：利用扇形统计图解决实际问题的能力，会利用百分数解决实际问题。

35. 育民小学连续五年到郊区开展植树造林活动，植树的数量分别是130棵、176棵、192棵、220棵、242棵。平均每年植树多少棵？

    _____

    答案：192棵。
    考查内容：平均数。
    考查能力：对平均数概念的理解。

36. 在（　　）里填上"一定""不可能"或"可能"。
    （1）两位数加两位数（　　）大于200。
    （2）两位数乘两位数（　　）小于10000。
    （3）一个三位数除以一个一位数，商（　　）是一个两位数。
    （4）a是一个整数，$a+6<19$，a（　　）是13。
    答案：（1）不可能；（2）一定；（3）可能；（4）不可能。
    部分正确：每个小题占25%的分值。
    考查内容：随机事件。
    考查能力：对确定事件和可能事件的理解。

第二学段纸笔测验样卷2

1. 一个数的百万位是8，十万位是5，千位是7，其他各位都是0，这个数写作（　　　）；把它"四舍五入"到万位，约是（　　　）万。

   答案：8507000，851。

   部分正确：两个答案各占50%的分值。

   考查内容：万以上的自然数。

   考查能力：对数的组成、数的写法和改写方法的掌握。

2. 王师傅加工了99个零件，全部合格，合格率是（　　　）。

   A. 1%　　　　　　　　B. 99%　　　　　　　　C. 100%

   答案：C。

   考查内容：百分数。

   考查能力：对百分数概念的理解。

3. 把19.9563保留两位小数，约等于（　　　）。

   答案：19.96。

   考查内容：小数。

   考查能力：对小数概念的理解。

4. 李师傅从甲地运货去乙地，去的时候平均每小时行60 km，行驶了4 h。回来时平均每小时比去时多行20 km，回来行驶了多少时间？（列综合算式解决问题。）

   _____

   答案：$60 \times 4 \div (60 + 20) = 3$ (h)。

   完全正确：列式、计算都正确。（分值：100%）

   部分正确：列式正确，计算错误。（分值：75%）

   完全不正确：列式不正确。（分值：0）

   考查内容：四则混合运算。

   考查能力：利用四则混合运算解决实际问题的能力。

5. $24 \times 22 + 24 \times 51 + 24 \times 13 = 24 \times$（　　　）。

   答案：86。

   考查内容：运算定律。

考查能力：对运算定律的掌握。

6. 某化肥厂第一季度生产化肥540 t，第二季度生产的化肥比第一季度多$\frac{1}{10}$。两个季度一共生产化肥多少吨？

答案：$540 + 540 \times (1 + \frac{1}{10}) = 1134$ (t)。

完全正确：列式、计算都正确（允许不同列式，既可以综合列式，也可以分步列式）。（分值：100%）

部分正确：列式正确，计算错误。（分值：50%）
  分步解决中只有前半部分列式与计算正确。（分值：50%）
  分步解决中前半部分列式正确，计算不正确。（分值：25%）

完全不正确：其他情形。（分值：0）

考查内容：分数计算。

考查能力：对分数四则混合运算算法的掌握，利用分数计算解决实际问题的能力。

7. 一桶油连桶共重60 kg，用去油的一半以后，连桶还重32.75 kg。油桶重多少千克？

答案：$60 - 32.75 = 27.25$ (kg)，$60 - 27.25 \times 2 = 5.5$ (kg)。

完全正确：列式和计算都正确（允许不同列式，只要合理即可）。（分值：100%）

部分正确：第一步列式和计算正确，第二步列式正确，计算错误。（分值：75%）
  第一步列式和计算正确，第二步列式错误。（分值：50%）

完全不正确：其他情形。（分值：0）

考查内容：小数计算。

考查能力：对小数计算算法的掌握，利用小数计算解决实际问题的能力。

8. 计算$4.25 \div (1\frac{3}{5} \times \frac{3}{8} + 0.25)$。

答案：5。

考查内容：整、小、分数四则混合运算。

考查能力：对四则混合运算的算法和运算顺序的掌握。

9. 要把965个鸡蛋装盒，每盒装18个，48个盒子够不够？

    答案：策略一，把965看成900，900÷18＝50，所以48个盒子不够。
    策略二，965÷18≈53.61，所以48个盒子不够。
    策略三，18×48＝864，所以48个盒子不够。（方法可以多样化。）
    完全正确：使用以上策略或其他合理的策略解决以上问题。（分值：100%）
    完全不正确：所使用的策略不能合理地解决以上问题。（分值：0）
    考查内容：估算，乘除法笔算。
    考查能力：合理使用计算策略解决实际问题的能力。

10. 苹果的价格是梨的1.5倍。王阿姨买了1 kg苹果和1 kg梨，共花了8元。苹果每千克多少元？（列方程解决问题。）

    答案：设梨每千克 x 元。$x + 1.5x = 8$，$x = 3.2$，$3.2 × 1.5 = 4.8$(元)。
    完全正确：设未知数、列方程和解答都正确。（分值：100%）
    部分正确：设未知数、列方程正确，得数错误。（分值：75%）
    　　　　　设未知数、列方程正确，但最后结果为梨的价格3.2元。（分值：50%）
    完全不正确：列方程不正确。（分值：0）
    考查内容：列方程解决问题。
    考查能力：列方程解决问题的能力。

11. 解下面的比例。
    $30 : 3.6 = 0.25 : x$

    答案：$x = 0.03$。
    部分正确：解答过程正确，得数错误。（分值：50%）
    考查内容：解比例。
    考查能力：对解比例方法的掌握。

12. 工厂加工一批零件，5小时加工了300个，照这样的速度，加工6000个零件需多长时间？

    答案：$6000 ÷ (300 ÷ 5) = 100$（时），或设加工6000个零件需要 x 时，$6000 ÷ x = 300 ÷ 5$，$x = 100$。
    完全正确：列式与计算都正确。（分值：100%）

部分正确：列式正确，计算错误。（分值：50%）
完全不正确：列式不正确。（分值：0）
考查内容：正比例和反比例。
考查能力：利用正比例关系解决实际问题的能力。

13. 请根据前面算式的规律在（　　）里填上适当的数。

    $15^2 = 225 = 100 \times 1 \times (1 + 1) + 25$

    $25^2 = 625 = 100 \times 2 \times (2 + 1) + 25$

    $35^2 = 1225 = 100 \times 3 \times (3 + 1) + 25$

    $45^2 = 2025 = 100 \times 4 \times (4 + 1) + 25$

    ……

    $95^2 = （　　）$

    答案：9025。
    考查内容：找规律。
    考查能力：发现规律的能力。

14. 两点之间，（　　）的距离最短。
    答案：线段。
    考查内容：线段、射线和直线，两点间距离。
    考查能力：对线段和两点间距离概念的理解。

15. 下面的图形中，有（　　）个锐角和（　　）个钝角。

    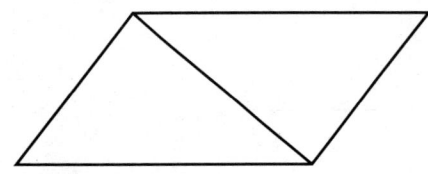

    答案：6，2。
    考查内容：角的分类。
    考查能力：对角的概念的理解。

16. 判断：任意一个平行四边形中，两组对边都互相平行。（　　）
    答案：正确。
    考查内容：平面上两条直线的位置关系。
    考查能力：对平行四边形概念的理解。

17. 用两根长 8 cm 的小棒和两根长 4 cm 的小棒，可以搭出（　　）个形状不同的平行四边形。

答案：无数。

考查内容：平行四边形。

考查能力：对平行四边形性质的理解。

18. 一个三角形的两条边分别是 3 cm 和 7 cm，第三条边可以是（　　）。

    A. 2 cm　　　　　B. 4 cm　　　　　C. 6 cm　　　　　D. 10 cm

    答案：C。

    考查内容：三角形的特征。

    考查能力：对三角形性质的理解。

19. 从不同的位置观察 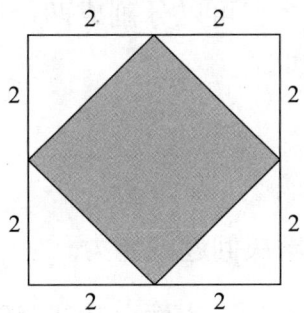，从左面观察的图形是（　　）。

    A. □　　　　　B. □□　　　　　C. □□□　　　　　D.

    答案：D。

    考查内容：从不同方向观察物体。

    考查能力：空间观念的发展。

20. 一个直角三角形中，如果一个锐角是 15°，那么另一个锐角是（　　）。

    答案：75°。

    考查内容：三角形内角和。

    考查能力：利用三角形内角和的性质解决实际问题的能力。

21. 求下图中阴影部分的面积（单位：cm）。

    答案：8 cm²。

    考查内容：正方形、三角形的面积。

考查能力：对正方形、三角形面积计算公式的掌握。

22. 在（　　）里填上适当的单位名称。
    (1) 小明家的居住面积大约是80（　　）。
    (2) 2004年末，上海全市面积达到6340.5（　　）。
    答案：平方米，平方千米。
    部分正确：每个答案占50%的分值。
    考查内容：面积单位。
    考查能力：对面积单位的理解。

23. 如果把一个圆缩小，其周长由原来的31.4 cm变成15.7 cm，那么它的面积就变成原来的（　　）。
    答案：$\frac{1}{4}$或25%。
    考查内容：圆的周长和面积。
    考查能力：利用圆的周长和面积公式解决实际问题的能力。

24. 在括号里填上适当的数或单位名称。
    3.5 L =（　　）mL　　　5 dm³ =（　　）L
    0.8 m³ =（　　）L　　　4200 cm³ = 4.2（　　）
    答案：3500，5，800，dm³或L。
    部分正确：每个小题占25%的分值。
    考查内容：容积单位。
    考查能力：对容积单位间关系的理解。

25. 一个横截面是正方形的长方体表面积是250 cm²，它可以分割成两个同样的正方体，这两个正方体的表面积都是（　　）cm²。
    答案：150。
    部分正确：答案为25，可得50%的分值。
    考查内容：长方体的表面积。
    考查能力：利用长方体、正方体表面积计算公式解决问题的能力。

26. 把一个小石块放进一个盛有200 mL水的圆柱形量杯里，水面上升到250 mL刻度处，此时，水面上升了5 cm。这个量杯内部的底面积是多少？
    答案：10 cm²。
    考查内容：不规则物体的体积。
    考查能力：利用规则物体的体积计算求不规则物体的体积的方法的掌握。

27. 在轴对称图形下面的（　）里画上"√"。

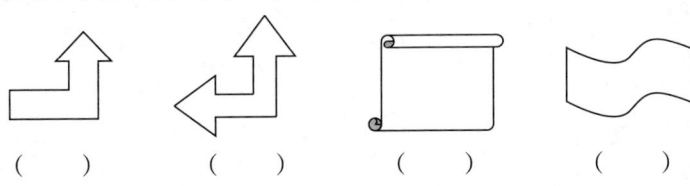

答案：

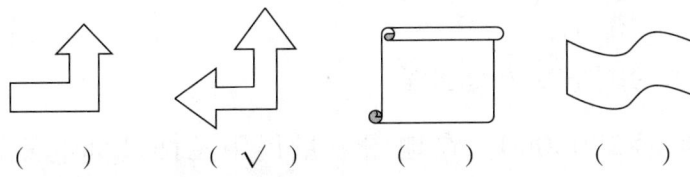

考查内容：轴对称图形。
考查能力：对轴对称图形性质的理解。

28. 画出三角形绕O点逆时针旋转90°后得到的图形。

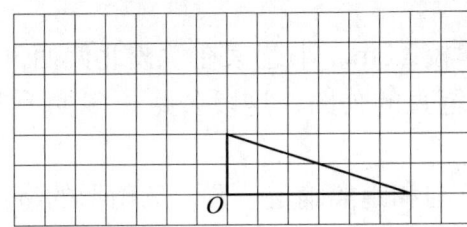

答案：

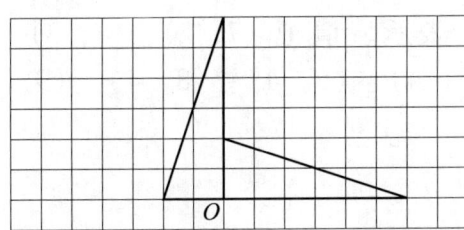

考查内容：旋转。
考查能力：对旋转性质的理解。

29. 画出下图中三角形按1∶2缩小后的图形。

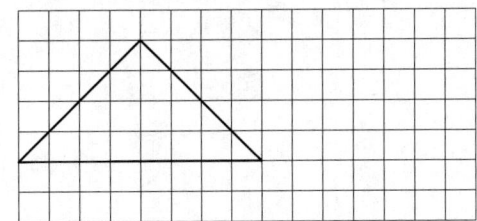

答案：

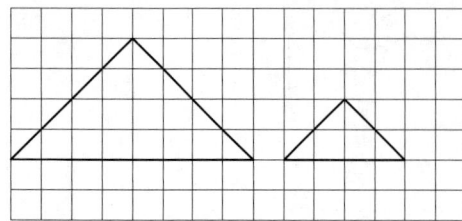

考查内容：图形的放大与缩小。
考查能力：对图形放大与缩小方法的掌握。

30. 一幅地图的比例尺是1∶2000000，在地图上量得甲乙两地间的距离是4 cm，甲乙两地间的实际距离是（　　）km。
答案：80 km。
考查内容：比和比例。
考查能力：对比例尺概念的理解。

31. 小明家在学校北偏东30°方向上，距学校3 km。小芝家在学校北偏西30°方向上，距学校3 km。两家之间有一条笔直的公路，这段公路长多少千米？
答案：3 km。
考查内容：根据物体相对于参照点的方向和距离确定位置，三角形的特性。
考查能力：对位置确定方法的掌握。

32. 下图中的涂色方格可以用（7，1）表示。请把（7，2）、（7，3）、（7，4）、（7，5）、（7，6）、（4，4）、（5，4）、（6，4）、（8，4）、（9，4）、（10，4）所在的方格涂上颜色。

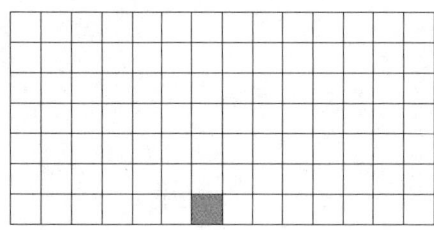

答案：

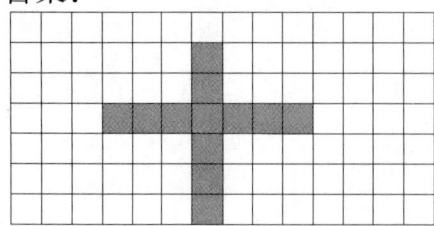

考查内容：用数对确定位置。
考查能力：用数对确定位置方法的掌握。

33. 2015年2月A、B、C、D、E个城市接待游客数量如下。

城市	A	B	C	D	E
接待游客数量/万人	22	35	4	15	13

请你完成下面的条形统计图。

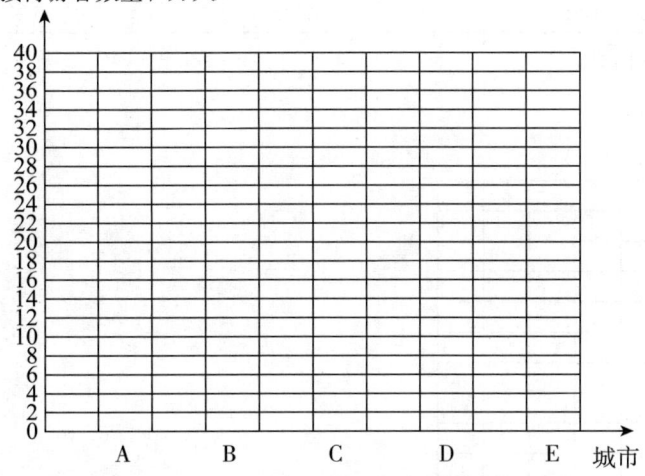

(1) 2015年2月，D市接待游客数量是B市的几分之几？

(2) 2012年2月，A市接待游客数量比E市多百分之多少？（百分号前面取两位小数。）

答案：

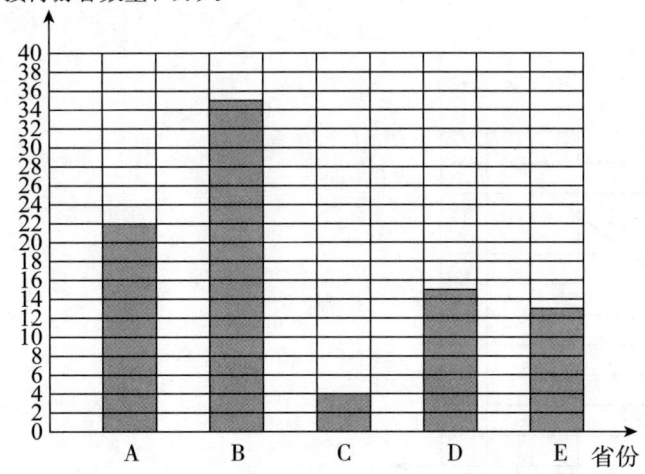

(1) $\dfrac{3}{7}$。 (2) 69.23%。

部分正确：绘制统计图占40%的分值，两个小题各占30%的分值。

考查内容：条形统计图，百分数。

考查能力：会用条形统计图描述数据，并能根据统计图进行分析，会利用百分数解决实际问题。

34. 下面是北京市2009—2013年医院数量的情况。

年度	2009	2010	2011	2012	2013
医院数量/家	522	544	550	573	596

请你完成相应的折线统计图。

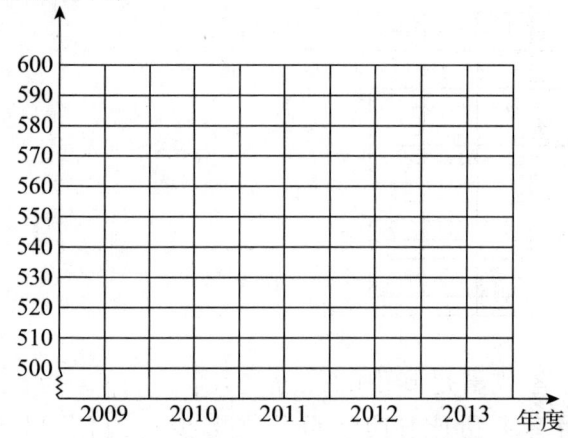

（1）在这五年中，（　　）年北京市的医院数量最多。

（2）2013年北京市的医院数量比2009年增加了（　　）家，增加了（　　）%。（百分号前面取两位小数。）

答案：

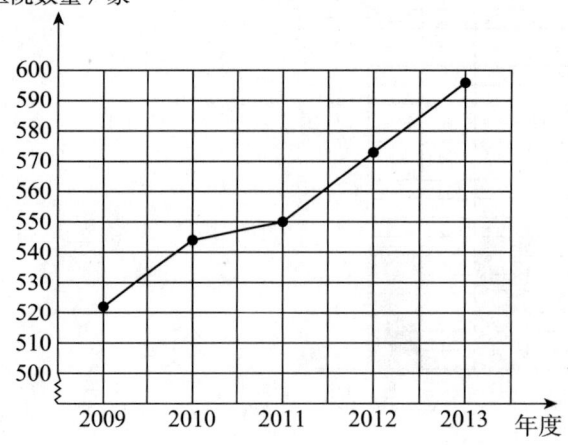

(1) 2013；(2) 74，14.18%。

部分正确：绘制统计图占25%的分值，三个括号各占25%的分值。

考查内容：折线统计图，百分数。

考查能力：会用折线统计图描述数据，并能根据统计图进行分析，会利用百分数解决实际问题。

35. 北京市2012年和2013年用水量情况如下。

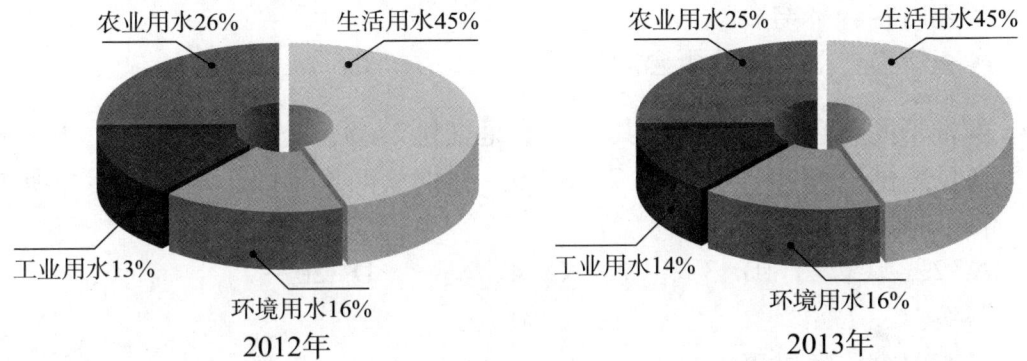

(1) 2013年与2012年相比，各种类别的用水量占总用水量的百分比有什么变化趋势？

(2) 2013年北京市总用水量是36.38亿立方米，其中环境用水是多少亿立方米？

答案：

(1) 2013年与2012年相比，农业用水占总用水量的百分比有所下降，工业用水所占的百分比有所上升，而生活用水、环境用水所占的百分比没有变化。

(2) 5.82亿立方米。

部分正确：每小题占50%的分值。

考查内容：扇形统计图，百分数。

考查能力：利用扇形统计图解决实际问题的能力，会利用百分数解决实际问题。

36. 下面是2013年我国城乡居民旅游人数和花费的总体情况，请你分别计算2013年城镇居民和农村居民的人均旅游花费。（结果保留一位小数。）

旅游情况	旅游总人数/亿人次	总花费/亿元	人均花费/元
城镇居民	22	20693	
农村居民	11	5583.4	

答案：

旅游情况	旅游总人数/亿人次	总花费/亿元	人均花费/元
城镇居民	22	20693	940.6
农村居民	11	5583.4	507.6

部分正确：每个答案占50%的分值。

考查内容：平均数。

考查能力：对平均数概念的理解。

37. 两堆不同花色的扑克牌，其中一堆是红桃2、3、4、5、6、7、8、9，另一堆是黑桃2、3、4、5、6、7、8、9。分别从两堆里取出一张，相加所得的和可能是（　　）。

   A. 2　　　　B. 3　　　　C. 4　　　　D. 20

   答案：C。

   考查内容：随机事件。

   考查能力：对确定事件和可能事件的理解。

38. 给一个如图所示的圆形转盘涂色，红色面积占 $\frac{1}{5}$，蓝色面积占 $\frac{1}{6}$，剩下的是黄色。任意转动这个转盘，指针指向（　　）色的可能性最大。

   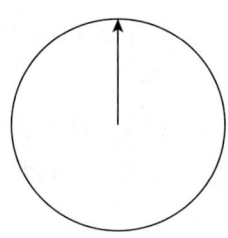

   答案：黄。

   考查内容：可能性大小，分数计算。

   考查能力：对可能性大小的理解，对分数计算算法的掌握。

二、综合与实践评价样例

（一）第一学段综合与实践评价样例

第一学段评价样例1　小小设计师

"小小设计师"教师作业纸

一、活动主题

小小设计师

二、活动内容

本班教室要进行重新粉刷（如刷墙、屋顶等），让学生在通过测量、调查之后设计粉刷方案，并根据所设计的方案提出合理的预算。（注：如果学生不理解"预算"，教师应予以解释。）

三、活动说明

本活动考查学生综合运用测量、计算、调查统计等相关知识的情况。要求学生能够灵活地选取恰当的方法进行测量、计算、调查，并根据分析、比较设计出完整、清晰的粉刷方案；方案确定后，能根据具体情况提出合理、经济的预算，并以恰当的方式予以呈现。

四、活动准备

分好学生合作小组；提供卷尺等测量工具；准备好作业纸。

五、活动流程

1. 学生分小组讨论如何粉刷（如粉刷墙或者墙和屋顶，决定粉刷的颜色，材料要求环保等），并确定粉刷的程序（如先铲掉原来的墙皮，再刮腻子，然后刷涂料）。

2. 根据确定的粉刷程序，小组讨论粉刷教室需要的材料（如腻子、涂料等），以及需要测量并计算出哪些数据（如需要测量每面墙的长、宽，黑板的长、宽，窗户的长、宽，门的宽、高等；计算需要粉刷的每面墙的面积，计算总共需要粉刷的面积等）。

3. 小组分工合作进行测量、计算，调查材料的价格及人工费，并确定要买的材料的数量。

4. 小组对调查、统计的结果进行分析、讨论和比较，确定合适的材料品牌和型号（如价格是否合适、漂亮等），从而呈现完整的粉刷方案。

5. 根据本组确定的粉刷方案进行金额预算，计算出粉刷本班教室总共所需的费用。

6. 各小组呈现本组的粉刷方案和预算，并阐述理由。

六、活动评价

教师评价表（用于小组评价）

学　　校 _____

班　　级 _____

小组名称 _____

小组成员 _____

评价维度	评价标准	评价等级			
		A	B	C	D
综合运用知识	1. 能很快地明确本活动中需要用到测量、面积、计算方面的知识				
	2. 能根据活动要求，确定本活动所要解决的具体数学问题				
	3. 能综合运用测量、调查、统计分析等知识收集解决问题的信息				
	4. 能综合运用所学知识分析收集到的信息，确定所用材料的种类、型号、数量、价格				
	5. 通过相关的计算知识计算出粉刷所需的各项费用和总费用				
解决问题的方法	1. 灵活运用多种方法收集所需要的信息				
	2. 处理有关信息的方法灵活、多样				
	3. 能根据实际情况，设计出完整、清晰的粉刷方案				
	4. 在整个解决问题的过程中步骤明确，思路清楚				
	5. 能根据实际情况，提出合理的粉刷预算				

续表

评价维度	评价标准	评价等级			
		A	B	C	D
讨论与表达	1. 每个成员都能参与并提出有价值的建议				
	2. 组内成员能互相配合与补充				
	3. 整个活动过程中讨论高效，有利于解决问题过程的进展				
	4. 能清晰、完整地表述本组的粉刷方案和预算，并能阐述理由				
	5. 能以书面形式有序、完整地呈现粉刷方案和每项预算、总预算				
情感态度	1. 小组成员之间乐于沟通				
	2. 整个小组完成任务主动、自觉				
	3. 热衷于数学活动，不怕困难				
	4. 尊重其他小组的想法和活动成果				
	5. 能用数学知识解决现实问题，感到数学很有用				

注：评价结果分为A、B、C、D四个等级，其中A表示好，B表示较好，C表示一般，D表示尚可。

"小小设计师"小组活动作业纸

一、活动内容

本班教室要进行重新粉刷，请你们小组设计粉刷方案，并根据所设计的方案提出合理的费用预算。

二、活动准备

卷尺、作业纸。

三、活动提示

1. 你们小组打算如何粉刷？要完成粉刷要经过哪些步骤？

2. 需要购买哪些材料？为确定购买材料的数量需要测量并计算出哪些数据？

3. 要提出粉刷方案的预算，你们要调查哪些信息？打算怎么调查？

4. 通过调查、分析和比较，你们打算用什么品牌和型号的材料？

5. 根据你们测量和计算的数据以及调查的结果，请计算出粉刷本班教室总共所需的费用。

6. 呈现本组的粉刷方案和预算，并阐述理由。

四、活动过程记录

学　　校＿＿＿＿＿＿＿＿＿＿　班　　级＿＿＿＿＿＿＿＿＿＿

小组成员＿＿＿＿＿＿＿＿＿＿　活动日期＿＿＿＿＿＿＿＿＿＿

1. 为完成本活动，你们组都做了哪些工作？请在下面详细记录下来。

2. 请在下面写出你们组的粉刷方案和费用预算。

执 笔 人＿＿＿＿＿＿＿＿

完成日期＿＿＿＿＿＿＿＿

"小小设计师"学生作业纸

学校 _____ 班级 _____
姓名 _____
在"小小设计师"这个活动中,你自己都做了什么?请在下面写一写。

1. 在调查中,我主要做了_____
_____
_____
_____,
我感觉_____
_____。

2. 在测量中,我主要做了_____
_____
_____
_____,
我感觉_____
_____。

3. 在计算时,我主要做了_____
_____
_____
_____,
我感觉_____
_____。

4. 在讨论中,我表现得_____
_____
_____
_____,
我感觉_____
_____。

5. 在制订方案和预算时,我主要做了_____
_____
_____,

我感觉 _____
_____。

6. 总结这次活动，我做得 _____
_____
_____
_____，
我感觉 _____
_____。

下面每一项描述都分为A、B、C、D四个水平，其中A表示好，B表示较好，C表示一般，D表示尚可。你觉得自己在每一项上的表现怎么样？请你在最符合你的实际情况的方框中画"√"。

维度	评价项目	A	B	C	D
运用知识方法的能力	1. 自己能很快地明确解决问题需要用到测量、面积、计算方面的知识				
	2. 能综合运用测量、面积、统计方面的知识完成分配给自己的任务				
	3. 可以灵活运用适当的方法完成分配给自己的任务				
	4. 总是能思路清楚、步骤有序地完成分配给自己的任务				
沟通交流的能力	1. 在讨论中，能成为小组中的核心人物				
	2. 在讨论中，总是能提出自己的建议				
	3. 在讨论交流中是主要交流者				

第一学段评价样例2 今天我做小会计

"今天我做小会计"教师作业纸

一、活动主题

今天我做小会计

二、活动内容

要完成本活动,学生需要先调查卖水果的人一天所要进行的计算工作(如计算进货总价、定卖价,计算每次卖出水果的总价,一天的结算等),然后根据调查结果进行计算,并设计出账目的呈现方案;最后以一定形式呈现出活动的过程和最后的账目。

三、活动说明

本活动能很好地考察学生综合运用统计、人民币以及相关计算知识的情况。要求学生能通过访谈的方式收集活动所需要的数据,灵活地运用计算知识,设计并呈现出完整、清晰的账目,记录详尽的活动过程。

四、活动准备

1. 分好学生的合作小组。

2. 事先要求学生对一个水果摊主一天的账目情况进行调查,并调查他卖的一些水果的时价(包括他的进货价格和市场零售价格)。

五、活动流程

1. 学生小组分工合作,事先调查一个水果摊主一天的账目情况,并调查他卖的一些水果的进货价格和市场零售价。调查结果可以是一种水果也可以是多种水果;调查对象可以是一个只卖一种或两种水果的板车摊主,也可以是卖多种水果的摊主。

2. 根据记录的调查结果,学生在小组内进行计算。

3. 设计呈现账目的格式,如分项呈现进货部分(需要根据进货情况计算进货总价),卖货部分(计算每次卖货总价、找零等),每天的结算(根据记录的每次卖某种水果的所得计算该种水果全天共收入多少钱,再根据进货总价计算这种水果一天赚的钱数)等。

4. 呈现并阐述本小组设计的账目。

六、活动评价

教师评价表（用于小组评价）

学　　校 _____

班　　级 _____

小组名称 _____

小组成员 _____

评价维度	评价标准	评价等级			
		A	B	C	D
综合应用知识	1. 能很快明确解决问题需要用到统计、人民币及计算方面的数学知识				
	2. 能选定所卖的多种水果进行调查和计算活动				
	3. 能根据实际活动的需要，运用调查、统计、记录等方式收集所需要的信息				
	4. 能分类分析所收集的信息，如按水果的种类分别计算、呈现在账目中				
	5. 结合相应的概念及数量关系，在活动中能综合运用人民币及计算知识进行相应的计算，如：进货总价，每次卖货的总价、找零，计算一天赚的钱				
解决问题的方法	1. 会灵活运用多种调查方法收集有关主题的信息				
	2. 调查、记录的有关信息清晰、有序，方便后面的计算				
	3. 对调查所得数据的分析和计算清楚、灵活				
	4. 能根据实际调查的结果设计出完整、清晰、合理的账目方案				
	5. 小组在整个解决问题的过程中步骤明确，思路清楚				
讨论与表达	1. 每个成员都能参与并提出有价值的建议				
	2. 组内成员能互相配合与补充				
	3. 能清晰、完整地表述本组的账目方案				
	4. 整个活动过程中讨论高效，有利于解决问题过程的进展				
	5. 能够详细记录实际的活动情况及活动结果				

续表

评价维度	评价标准	评价等级			
		A	B	C	D
情感态度	1. 小组成员之间乐于沟通				
	2. 整个小组完成任务主动、自觉				
	3. 热衷于数学活动，不怕困难				
	4. 尊重其他小组的想法和活动成果				
	5. 能用数学知识解决现实问题，感到数学很有用				

注：评价结果分为A、B、C、D四个等级，其中A表示好，B表示较好，C表示一般，D表示尚可。

"今天我做小会计"小组活动作业纸

一、**活动内容**

请你们小组调查卖水果的叔叔或阿姨一天所要进行的计算工作，记录下一天的数据；然后根据调查结果进行计算，设计并呈现出卖水果的叔叔或阿姨的一天的账目。

二、**活动准备**

1. 事先对一个水果摊主一天的账目情况进行调查，并调查他卖的一些水果的时价（包括他的进货价格和市场零售价格）。

2. 准备好记录纸，方便同学们做好数据记录。

三、**活动提示**

1. 请你们小组事先调查一个水果摊主一天的全部账目情况，并进行详细记录。

2. 根据记录的调查结果，在小组内进行计算。

3. 设计具体账目的格式。

4. 呈现本组设计的账目，并阐述理由。

四、**活动过程记录**

学　　校 _____　班　　级 _____

小组成员 _____　活动日期 _____

1. 为完成本活动，你们组都做了哪些工作？请在下面详细记录下来。

2. 请在下面呈现你们组所做出的具体账目。

执 笔 人_____

完成日期_____

"今天我做小会计"学生作业纸

学校 ＿＿＿＿＿＿＿＿＿＿ 班级 ＿＿＿＿＿＿＿＿＿＿
姓名 ＿＿＿＿＿＿＿＿＿＿

在"今天我做小会计"这个活动中,你自己都做了什么?请在下面写一写。

1. 在调查中,我主要做了＿＿＿＿＿＿＿＿＿＿＿＿＿＿＿＿＿＿＿＿＿
＿＿＿＿＿＿＿＿＿＿＿＿＿＿＿＿＿＿＿＿＿＿＿＿＿＿＿＿＿＿＿＿＿
＿＿＿＿＿＿＿＿＿＿＿＿＿＿＿＿＿＿＿＿＿＿＿＿＿＿＿＿＿＿＿＿,

我感觉＿＿＿＿＿＿＿＿＿＿＿＿＿＿＿＿＿＿＿＿＿＿＿＿＿＿＿＿＿＿
＿＿＿＿＿＿＿＿＿＿＿＿＿＿＿＿＿＿＿＿＿＿＿＿＿＿＿＿＿＿＿＿。

2. 在讨论中,我表现得＿＿＿＿＿＿＿＿＿＿＿＿＿＿＿＿＿＿＿＿＿
＿＿＿＿＿＿＿＿＿＿＿＿＿＿＿＿＿＿＿＿＿＿＿＿＿＿＿＿＿＿＿＿＿
＿＿＿＿＿＿＿＿＿＿＿＿＿＿＿＿＿＿＿＿＿＿＿＿＿＿＿＿＿＿＿＿,

我感觉＿＿＿＿＿＿＿＿＿＿＿＿＿＿＿＿＿＿＿＿＿＿＿＿＿＿＿＿＿＿
＿＿＿＿＿＿＿＿＿＿＿＿＿＿＿＿＿＿＿＿＿＿＿＿＿＿＿＿＿＿＿＿。

3. 在计算时,我主要做了＿＿＿＿＿＿＿＿＿＿＿＿＿＿＿＿＿＿＿＿＿
＿＿＿＿＿＿＿＿＿＿＿＿＿＿＿＿＿＿＿＿＿＿＿＿＿＿＿＿＿＿＿＿＿
＿＿＿＿＿＿＿＿＿＿＿＿＿＿＿＿＿＿＿＿＿＿＿＿＿＿＿＿＿＿＿＿,

我感觉＿＿＿＿＿＿＿＿＿＿＿＿＿＿＿＿＿＿＿＿＿＿＿＿＿＿＿＿＿＿
＿＿＿＿＿＿＿＿＿＿＿＿＿＿＿＿＿＿＿＿＿＿＿＿＿＿＿＿＿＿＿＿。

4. 在设计账目呈现的格式中,我主要做了＿＿＿＿＿＿＿＿＿＿＿＿
＿＿＿＿＿＿＿＿＿＿＿＿＿＿＿＿＿＿＿＿＿＿＿＿＿＿＿＿＿＿＿＿＿
＿＿＿＿＿＿＿＿＿＿＿＿＿＿＿＿＿＿＿＿＿＿＿＿＿＿＿＿＿＿＿＿,

我感觉＿＿＿＿＿＿＿＿＿＿＿＿＿＿＿＿＿＿＿＿＿＿＿＿＿＿＿＿＿＿
＿＿＿＿＿＿＿＿＿＿＿＿＿＿＿＿＿＿＿＿＿＿＿＿＿＿＿＿＿＿＿＿。

5. 总结这次活动,我做得＿＿＿＿＿＿＿＿＿＿＿＿＿＿＿＿＿＿＿＿＿
＿＿＿＿＿＿＿＿＿＿＿＿＿＿＿＿＿＿＿＿＿＿＿＿＿＿＿＿＿＿＿＿＿
＿＿＿＿＿＿＿＿＿＿＿＿＿＿＿＿＿＿＿＿＿＿＿＿＿＿＿＿＿＿＿＿＿

_____,

我感觉 _____

_____。

下面每一项描述都分为A、B、C、D四个水平，其中A表示好，B表示较好，C表示一般，D表示尚可。你觉得自己在每一项上的表现怎么样？请你在最符合你的实际情况的方框中画"√"。

维度	具体描述	评价等级			
		A	B	C	D
运用知识方法的能力	1. 自己能很快明确解决问题需要用到统计、人民币及计算方面的数学知识				
	2. 能综合运用统计、人民币及计算方面的知识完成分配给自己的任务				
	3. 可以灵活运用适当的方法完成分配给自己的任务				
	4. 总是能思路清楚、步骤有序地完成分配给自己的任务				
沟通交流的能力	1. 在讨论中，能成为小组中的核心人物				
	2. 在讨论中，总是能提出自己的建议				
	3. 在讨论交流中是主要交流者				

（二）第二学段综合与实践评价样例

第二学段评价样例1 一次性筷子与大树

"一次性筷子与大树"教师作业纸

一、活动主题

一次性筷子与大树

二、活动内容

教师出示本市或本镇人均一年消耗的一次性筷子数量（如果数据不易收集，也可参考全国人均年消费一次性筷子约40双这一数据）；然后让学生通过网络、图书馆、咨询统计部门等收集本市或本镇的人口数；接下来让学生通过测量和计算一次性筷子和大树的体积，探讨一次性筷子与大树在数量上的关系。

三、活动说明

本活动要求学生综合运用统计、测量、比例等相关知识，能够灵活地选取恰当的方法进行测量、计算，求出一次性筷子和大树的体积，并根据一次性筷子的消费情况，推算出本市或本镇一年因一次性筷子的使用而需要砍伐的大树数量。通过本活动，可较好地考查学生统计、测量、计算、合情推理等能力。

四、活动准备

1. 事先让学生收集常见的一次性筷子和所在城市或城镇的人口资料。
2. 木杆、直尺、卷尺、作业纸、计算器。

五、活动流程

1. 通过调查、收集数据、计算，得到本市或本镇一年消耗的一次性筷子的数量。
2. 测量一次性筷子的体积。
3. 在校园里或学校附近选一棵大树，测算大树的体积。
4. 成果汇报，说明一次性筷子的使用量与砍伐大树的关系。
5. 对解决本问题的思路与方法进行简单的梳理，归纳出解决类似问题的一般方法和步骤。

六、活动评价

教师评价表（用于小组评价）

学　　校 _____

班　　级 _____

小组名称 _____

小组成员 _____

评价维度	评价标准	评价等级			
		A	B	C	D
解决问题的方法	1. 明确开展本综合应用活动需要用到的数学知识				
	2. 能完整、清晰地设计开展活动的方案				
	3. 解决问题的步骤明确、思路清楚				
	4. 能灵活运用统计、测量方法来获取数据				
	5. 能根据统计、测量、计算的结果得出结论，并给出有价值的建议				
讨论与表达	1. 每个成员都积极参与讨论并提出有意义的建议				
	2. 能完整清楚地阐述本组解决问题的过程与方法				
	3. 能通过数据、图表等形式向其他小组（或全班）汇报、展示本组的活动成果				
反思与概括	1. 能归纳出测量不规则物体体积的一般方法				
	2. 能总结出根据统计数据进行推理的方法				
	3. 能由一次性筷子引出对相关的环保问题（如水资源、空气等）的思考，并提出一些建议				
	4. 能对解决本问题的思路与方法进行简单的梳理，归纳出解决类似问题的一般方法和步骤				
情感态度	1. 小组成员之间乐于沟通，合作气氛良好				
	2. 积极开展活动，主动完成任务				
	3. 对数学活动非常有热情，不怕困难				
	4. 尊重其他小组的想法和活动成果				

注：评价结果分为A、B、C、D四个等级，其中A表示好，B表示较好，C表示一般，D表示尚可。

"一次性筷子与大树"小组活动作业纸

一、活动内容

据调查，本市或本镇人均一年使用（　　）双一次性筷子。请你们收集本市或本镇的人口数，想办法测出一次性筷子的体积，再在校园里或学校附近选定一棵大树，想办法测出大树的体积，然后探讨一次性筷子与大树在数量上的关系。

二、活动准备

1. 收集常见的一次性筷子，查找本市或本镇的人口资料。
2. 木杆、直尺、卷尺、作业纸、计算器。

三、活动提示

1. 你们小组打算如何收集需要的资料？
2. 你们小组打算怎样测量一次性筷子的体积？
3. 你们小组打算怎样测量大树的体积？怎样做比较简便和准确？
4. 一次性筷子与大树在数量上有什么联系？对你们有什么启示？
5. 呈现你们小组的活动结果，并谈谈体会。

四、活动过程记录

学　　校 _____　班　　级 _____
小组成员 _____　活动日期 _____
_____

1. 为完成本活动，你们小组做了哪些工作？请在下面详细记录下来。

2. 请在下面写出你们测量和计算的步骤及结果。

3. 请在下面写出你们的结论、体会和建议等。

执 笔 人＿＿＿＿＿＿＿＿＿＿

完成日期＿＿＿＿＿＿＿＿＿＿

"一次性筷子与大树"学生作业纸

学校 _____ 班级 _____
姓名 _____

在"一次性筷子与大树"这个活动中,你自己都做了什么?请在下面写一写。

1. 在查找资料中,我主要做了_____
_____
_____,
我感觉_____
_____。

2. 在测量中,我主要做了_____
_____
_____,
我感觉_____
_____。

3. 在计算时,我主要做了_____
_____
_____,
我感觉_____
_____。

4. 在讨论中,我表现得_____
_____
_____,
我感觉_____
_____。

5. 在反思、概括方面,我_____
_____
_____

_____,

我感觉 _____

_____。

6. 总结这次活动，我做得_____

_____

_____,

我感觉 _____

_____。

下面每一项描述都分为A、B、C、D四个水平，其中A表示好，B表示较好，C表示一般，D表示尚可。你觉得自己在每一项上的表现怎么样？请你在最符合你的实际情况的方框中画"√"。

维度	评价项目	评价等级			
		A	B	C	D
运用与表达的能力	1. 能在小组的活动方案中提出自己的建议，并阐述理由				
	2. 在小组讨论中能提出自己的观点，并能阐明理由				
	3. 在讨论交流中是主要交流者				
合作的能力	1. 能很好地完成小组内自己的工作，并能配合好其他人的工作				
	2. 在小组讨论中能倾听别人的观点，并很好地进行沟通				
	3. 善于交流，乐于倾听别人的意见，乐于帮助别人				

第二学段评价样例2　设计包装盒

"设计包装盒"教师作业纸

一、活动主题

设计包装盒

二、活动内容

要给4听可乐设计一种长方体的包装盒。让学生小组合作，在调查、测量的基础上，提出几种包装盒的设计方案，然后看看哪种方案用纸最少（接头处忽略不计）。接下来探索设计8听可乐包装盒的最优方案。

三、活动说明

本活动考查学生综合运用测量、调查、计算等相关知识解决问题的情况。要求学生能够灵活地选取恰当的方法进行测量、计算，综合运用所学的长方体、圆柱表面积的知识，利用优化的思想来解决生活中常见的设计包装盒的实际问题。通过分析、比较设计出最优的包装盒方案，较好地考查学生计算能力、空间观念以及优化的数学思想等。

四、活动准备

1. 事先让学生调查实际生活中的包装盒情况。

2. 分好学生合作小组；提供卷尺、直尺等测量工具；准备好计算器和作业纸。

五、活动流程

1. 学生分小组讨论活动流程，包括调查常见的包装盒、测量所需的数据、设计不同的方案、对比确定最优方案等。

2. 根据确定的活动流程，小组分工进行调查收集和测量数据（可乐的底面半径、高等）。

3. 小组同学共同设计出几种不同的包装4听可乐的方案；分工计算出不同方案的包装盒的表面积（用纸多少）；小组同学共同对不同方案的计算结果进行分析和比较，讨论确定最优的包装盒方案。

4. 各小组呈现本组最优的包装盒方案，并阐述理由。

5. 进一步研究关于8听可乐包装盒的情况，提出最优的设计方案。

6. 对解决本问题的思路与方法进行简单的梳理，归纳出解决类似问题的一般方法与步骤。

六、活动评价

教师评价表（用于小组评价）

学　　校 _____
班　　级 _____
小组名称 _____
小组成员 _____

评价维度	评价标准	评价等级			
		A	B	C	D
解决问题的方法	1. 明确开展本综合应用活动需要用到的数学知识				
	2. 能完整、清晰地设计开展活动的方案				
	3. 解决问题的步骤明确、思路清楚				
	4. 能灵活运用统计、测量方法来获取数据				
	5. 根据测量、计算的结果能得出结论，并给出最优的方案				
讨论与表达	1. 每个成员都积极参与讨论并提出有价值的建议				
	2. 能完整清楚地阐述本组解决问题的过程与方法				
	3. 能通过图示、表格、计算等形式向其他小组（或全班）汇报、展示本组的活动成果				
反思与概括	1. 能归纳出计算包装盒表面积的一般方法				
	2. 通过对比，初步感受包装盒表面积与可乐的大小、数量的关系				
	3. 能对解决本问题的思路与方法进行简单的梳理，归纳出解决类似问题的方法与步骤				
情感态度	1. 小组成员之间乐于沟通，合作气氛良好				
	2. 积极开展活动，主动完成任务				
	3. 对数学活动非常有热情，不怕困难				
	4. 尊重其他小组的想法和活动成果				

注：评价结果分为A、B、C、D四个等级，其中A表示好，B表示较好，C表示一般，D表示尚可。

"设计包装盒"小组活动作业纸

一、活动内容

要给4听可乐设计一种长方体的包装盒。请你们通过调查、测量、计算，提出包装盒的几种设计方案，再看看哪种方案用纸最少（接头处忽略不计）。如果有8听可乐，再试试哪种包装方案最好。

二、活动准备

1. 事先调查实际生活中的包装盒情况。
2. 准备好直尺、卷尺、作业纸、计算器。

三、活动提示

1. 你们小组打算如何收集需要的信息？
2. 你们小组打算怎样测量可乐的数据？
3. 不同包装盒的用纸与可乐的摆放有什么关系？
4. 包装盒的最优方案与可乐在数量上有什么联系？对你们有什么启示？
5. 呈现你们小组的活动结果，并谈谈体会。

四、活动过程记录

学　　校 _____　　班　级 _____

小组成员 _____　　活动日期 _____

_____

1. 为完成本活动，你们小组做了哪些工作？请在下面详细记录下来。

2. 请在下面写出你们测量和计算的步骤及结果。

3. 请在下面写出你们的结论、体会和建议等。

执 笔 人＿＿＿＿＿＿＿＿

完成日期＿＿＿＿＿＿＿＿

"设计包装盒"学生作业纸

学校 _____ 班级 _____
姓名 _____

在"设计包装盒"这个活动中,你自己都做了什么?请在下面写一写。

1. 在调查、测量中,我主要做了_____
_____
_____

我感觉_____,
_____。

2. 在计算时,我主要做了_____
_____
_____

我感觉_____,
_____。

3. 在讨论、提出方案中,我表现得_____
_____
_____

我感觉_____,
_____。

4. 在反思、概括方面,我_____
_____
_____

我感觉_____,
_____。

5. 总结这次活动,我做得_____
_____
_____
_____,

我感觉 _____
_____。

下面每一项描述都分为 A、B、C、D 四个水平，其中 A 表示好，B 表示较好，C 表示一般，D 表示尚可。你觉得自己在每一项上的表现怎么样？请你在最符合你的实际情况的方框中画"✓"。

维度	评价项目	评价等级			
		A	B	C	D
运用与表达的能力	1. 能在小组的活动方案中提出自己的建议，并阐述理由				
	2. 在小组讨论中能提出自己的观点，并能阐明理由				
	3. 在讨论交流中是主要交流者				
合作的能力	1. 能很好地完成小组内自己的工作，并能配合好其他人的工作				
	2. 在小组讨论中能倾听别人的观点，并很好地进行沟通				
	3. 善于交流，乐于倾听别人的意见，乐于帮助别人				

三、情感与态度评价样例

学生数学情感与态度问卷（教师版）

尊敬的老师：

您好！感谢您抽出宝贵的时间参加本次问卷调查。本调查旨在了解学生日常的学习情况，请您在每一题下面最符合自己观点的选项上打"√"，如果没有符合的选项，请将您的观点在"其他"后的横线上写出来。

您的姓名：＿＿＿ 性别：＿＿＿ 教龄：＿＿＿ 教数学的时间：＿＿＿ 职称：＿＿＿

评价学生的姓名：＿＿＿＿＿＿＿ 评价学生的年级：＿＿＿＿＿

1. 该生对哪门课最感兴趣？
   A. 语文　　B. 数学　　　C. 英语　　　D. 品德与社会　　E. 音乐
   F. 美术　　G. 体育　　　H. 科学　　　I. 其他

2. 该生最不愿意学习哪门学科？
   A. 语文　　B. 数学　　　C. 英语　　　D. 品德与社会　　E. 音乐
   F. 美术　　G. 体育　　　H. 科学　　　I. 其他＿＿＿＿

3. 数学课上，该生能否专心听讲，积极思考老师提出的问题？
   A. 能够认真听讲，积极思考　　　B. 只对某些感兴趣的内容积极思考
   C. 经常做小动作或走神儿　　　　D. 其他＿＿＿＿＿＿＿＿＿＿＿

4. 数学课上，该生是否积极举手回答您提出的数学问题？
   A. 大多数时候积极回答　　B. 有时候举手　　C. 很少举手回答
   D. 其他＿＿＿＿＿＿＿＿＿＿

5. 该生面临新的数学问题时，是否愿意独立思考？
   A. 大多数时候独立思考　　B. 有时候独立思考　　C. 很少独立思考
   D. 其他＿＿＿＿＿＿＿＿＿＿

6. 该生喜欢做什么类型的数学题？
   A. 具有挑战性的难题　　　B. 比较难的题目　　　C. 比较容易的题目
   D. 不喜欢做任何类型的数学题　　　E. 其他＿＿＿＿＿＿＿＿＿＿

7. 该生遇到数学难题时，通常怎么做？
   A. 独立思考　　　　　B. 请别人帮助解决　　C. 放弃　　D. 其他_____

8. 当该生解决了一个新的数学问题时，是否感到愉快？
   A. 很愉快　　　　　　　　B. 与平常一样，没感到很愉快
   C. 不愉快，不喜欢解决数学问题　　D. 其他_____

9. 解数学题时，该生会尽可能寻求简捷的方法吗？
   A. 会　　B. 有时候会　　C. 只要做出来就可以了　　D. 其他_____

10. 解数学题时，如果时间允许，该生会尽可能想出不同的解答方法吗？
    A. 会　　B. 有时候会　　C. 只要做出来就可以了　　D. 其他_____

11. 数学课上，小组合作时该生一般怎么做？
    A. 基本是个旁观者　　　　　B. 按组长的分工完成自己的任务
    C. 只参与某些感兴趣的问题　　D. 积极参与，在小组中起到主导作用
    E. 其他_____

12. 该生经常和同学讨论数学问题吗？
    A. 经常讨论　　B. 有时候会　　C. 很少讨论　　D. 其他_____

13. 该生和同学讨论数学问题时，能提出不同的见解吗？
    A. 能提出　　B. 有时候能　　C. 不能提出　　D. 其他_____

14. 如果该生的数学题做错了，他（她）会怎么做？
    A. 弄清问题，立即改正　　　　B. 把同学的正确答案抄一遍
    C. 不管它，以后遇到类似问题再说　　D. 其他_____

15. 该生数学作业完成的情况如何？
    A. 按时完成，大部分都得"优"或满分
    B. 作业能够完成，但有时会出错
    C. 不能按时完成作业　　　　　D. 其他_____

16. 该生喜欢阅读数学课外书吗？
    A. 不喜欢　　B. 有时喜欢　　C. 很喜欢　　D. 其他_____

17. 该生会主动整理与复习所学的数学知识吗？
    A. 大多数时候会　　B. 有时候会　　C. 不主动整理与复习　　D. 其他_____

18. 该生经常思考一些有趣的数学问题吗？
    A. 经常　　　　B. 有时候　　　　C. 偶尔　　　　D. 其他_____

19. 该生哪门学科成绩最好？
    A. 语文　　　　B. 数学　　　　C. 英语　　　　D. 品德与社会
    E. 音乐　　　　F. 美术　　　　G. 体育　　　　H. 科学　　　　I. 其他_____

20. 该生数学学习能力在班级中处于什么水平？
    A. 优秀　　　　B. 中等　　　　C. 中下　　　　D. 其他_____

21. 您认为该生的数学学习成绩稳定吗？
    A. 稳定　　　B. 比较稳定，偶尔有波动　　C. 不稳定　　D. 其他_____

22. 您对该生的数学成绩满意吗？
    A. 非常满意　　B. 满意　　C. 不太满意　　D. 非常不满意　　E. 其他_____

23. 您认为该生有信心学好数学吗？
    A. 有信心　　　　B. 有时候有信心　　　　C. 没信心　　　　D. 其他____

24. 该生在日常生活中能灵活运用所学数学知识吗？
    A. 能灵活运用　　B. 有时候能灵活运用　　C. 不能灵活运用　　D. 其他_____

25. 您认为该生长大后会从事与数学相关的工作吗？
    A. 应该会　　　　B. 有可能　　　　　　C. 不会　　　　　D. 其他_____

学生数学情感与态度问卷（学生版）

亲爱的同学：

你好！感谢你抽出宝贵的时间完成这次问卷调查。本调查主要了解你日常的学习情况。请你在每一题下面最符合自己实际情况的选项上打"√"，如果没有符合你的选项，请将你的真实情况在"其他"后的横线上写出来。

姓名：_____ 学校：_____ 年级：_____ 性别：_____

1. 你最喜欢上什么课？
   A. 语文　　B. 数学　　C. 英语　　D. 品德与社会　　E. 音乐
   F. 美术　　G. 体育　　H. 科学　　I. 其他_____

2. 你最不愿意学习哪门学科？
   A. 语文　　B. 数学　　C. 英语　　D. 品德与社会　　E. 音乐
   F. 美术　　G. 体育　　H. 科学　　I. 其他_____

3. 数学课上，你是否能专心听讲，积极思考老师提出的问题？
   A. 能够认真听讲，积极思考　　B. 只对某些感兴趣的内容积极思考
   C. 经常做小动作或走神儿　　　D. 其他_____

4. 数学课上，你是否积极举手回答老师提出的问题？
   A. 大多数时候积极回答　　B. 有时候举手
   C. 很少举手回答　　　　　D. 其他_____

5. 面临新的数学问题时，你是否愿意独立思考？
   A. 大多数时候独立思考　　B. 有时候独立思考
   C. 很少独立思考　　　　　D. 其他_____

6. 你喜欢做什么类型的数学题？
   A. 具有挑战性的难题　　B. 比较难的题目　　C. 比较容易的题目
   D. 不喜欢做任何类型的数学题　　E. 其他_____

7. 遇到数学难题时，你通常怎么做？
   A. 独立思考　　B. 请别人帮助解决　　C. 放弃　　D. 其他_____

8. 当你解决了一个新的数学问题时，你是否感到很愉快？
    A. 很愉快　　　　　　　　　　B. 与平常一样，没感到很愉快
    C. 不愉快，不喜欢解决数学问题　D. 其他_____

9. 解数学题时，你会尽可能寻求简捷的方法吗？
    A. 会　　B. 有时候会　　C. 只要做出来就可以了　　D. 其他_____

10. 解数学题时，如果时间允许，你会尽可能想出不同的解答方法吗？
    A. 会　　B. 有时候会　　C. 只要做出来就可以了　　D. 其他_____

11. 数学课上，小组合作时你一般怎么做？
    A. 基本是个旁观者　　　　　B. 按组长的分工完成自己的任务
    C. 只参与某些感兴趣的问题　D. 积极参与，在小组中起到主导作用
    E. 其他_____

12. 你经常和同学讨论数学问题吗？
    A. 经常讨论　　B. 有时候会　　C. 很少讨论　　D. 其他_____

13. 和同学讨论数学问题时，你能提出不同的见解吗？
    A. 能提出　　B. 有时候能　　C. 不能提出　　D. 其他_____

14. 如果你的数学题做错了，你会怎么做？
    A. 弄清问题，立即改正　　　　　B. 把同学的正确答案抄一遍
    C. 不管它，以后遇到类似问题再说　D. 其他_____

15. 你能按时完成数学作业吗？
    A. 按时完成，大部分都得"优"或满分　B. 作业能够完成，但有时会出错
    C. 不能按时完成作业　　　　　　　　D. 其他_____

16. 你喜欢阅读数学课外书吗？
    A. 不喜欢　　B. 有时候喜欢　　C. 很喜欢　　D. 其他_____

17. 你会主动整理与复习所学的数学知识吗？
    A. 大多数时候会　　　　　B. 有时候会
    C. 不主动整理与复习　　　D. 其他_____

18. 你是否经常思考一些自己感兴趣的数学问题？
    A. 经常　　B. 有时候　　C. 偶尔　　D. 其他_____

19. 每次考试前，你认为自己哪门学科的成绩最好？
    A. 语文　　B. 数学　　　C. 英语　　　D. 品德与社会　　　E. 音乐
    F. 美术　　G. 体育　　　H. 科学　　　I. 其他_____

20. 你觉得你的数学学习能力在班级中处于什么水平？
    A. 优秀　　B. 中等　　　C. 中下　　　D. 其他_____

21. 你认为自己的数学学习成绩稳定吗？
    A. 稳定　　　　　　　　B. 比较稳定，偶尔有波动
    C. 不稳定　　　　　　　D. 其他_____

22. 你对自己的数学成绩满意吗？
    A. 非常满意　　　　　　B. 满意　　　　　　C. 不太满意
    D. 非常不满意　　　　　E. 其他_____

23. 你有信心学好数学吗？
    A. 有信心　　B. 有时候有信心　　　C. 没信心　　D. 其他_____

24. 你觉得数学在日常生活中有用吗？
    A. 用处很大　　B. 有一定的用处　　　C. 基本没用　　D. 其他_____

25. 你希望自己长大后从事与数学相关的工作吗？
    A. 希望和数学密切相关　　　　　B. 希望和数学有些关系
    C. 不希望和数学有太大关系　　　D. 其他_____

四、课堂观察评价样例

课堂观察记录卡使用说明

学生在数学课堂上的表现是其数学学习的重要组成部分,对学生数学课堂上的表现进行观察,可以为全面、客观地评价学生的数学学业提供最真实的信息。课堂观察记录卡是用来观察并记录学生行为的工具,使用者主要是教师。

在对学生进行课堂观察之前,请观察者仔细阅读以下说明。

1. 每张课堂观察记录卡用于观察一名学生,记录该名学生在课堂上的表现。

2. 教师应提前制订观察计划,确定本节课要观察的一名学生,并认真填写观察记录卡的背景信息。

3. 如果条件允许,可以对学生在不同领域的课堂学习(如数与代数、空间与几何、统计与概率)进行观察。

4. 课堂教学时,教师要保持正常的教学秩序,不因观察某名学生而对其特殊对待。

5. 对学生的课堂表现进行评价时,应尽可能持客观的态度,不要受其他因素干扰。

6. 教师可在观察记录卡"备注"一栏中具体记录学生在该观察项目上的表现,以为评价提供客观信息。

7. 如果学生的表现在该记录卡中没有列出,请在表格下端的"其他"栏目中具体写出来,并对其评价。

课堂观察记录卡

学生姓名:_____ 所在学校:_____ 班级:_____
观察日期:_____ 观 察 者:_____ 任课教师:_____
本节课教学内容:_____

下表中,A代表"表现非常好",B代表"表现较好",C代表"表现一般",D代表"需努力改进",E代表"没有观察到此项行为"。请将您对学生的评价在相应选项上画"√"。

观察维度	观察项目	学生表现					备注
		A	B	C	D	E	
课堂参与	专心听讲，对老师提出的问题能够作出反馈						
	积极举手发言						
	认真听取其他同学的发言						
	乐于发现并提出数学问题						
	能够快速关注问题中有效的数学信息						
	解决问题时，能进行有条理的思考						
	能够主动寻求不同的方法解决问题						
	能主动探索更简便的方法解决问题						
	按要求正确完成课堂练习						
合作交流与表达	使用准确的数学语言有条理地表达自己的思考过程						
	愿意与同伴合作交流，共同解决问题						
	在合作学习中愿意承担一定的任务						
	在合作学习中愿意表达自己的观点						
数学工具的使用	灵活地选择恰当的工具来帮助自己理解和解决问题						
	能正确使用数学工具						
批判性思考	敢于质疑别人的方法，有自己独立的见解						
其他							

五、学生作业评注样例

作业

调查本班同学最喜欢的体育活动。

完成本作业的要求

　✓课堂作业　　　　　独立完成
　　家庭作业　　　　✓小组合作

完成本作业的时间

　✓完成时间　30分钟

作业完成的反馈

　✓教师反馈　　　　✓单独反馈
　　同学反馈　　　　　集体反馈

学生作业

　小组集体呈现　　　✓个人呈现

收集本班同学最喜欢的体育运动,并对这些体育运动进行简单的分类整理。

用画"✓"的方法对不同类型的体育运动进行统计。

运用表格和统计图呈现整理数据的结果。

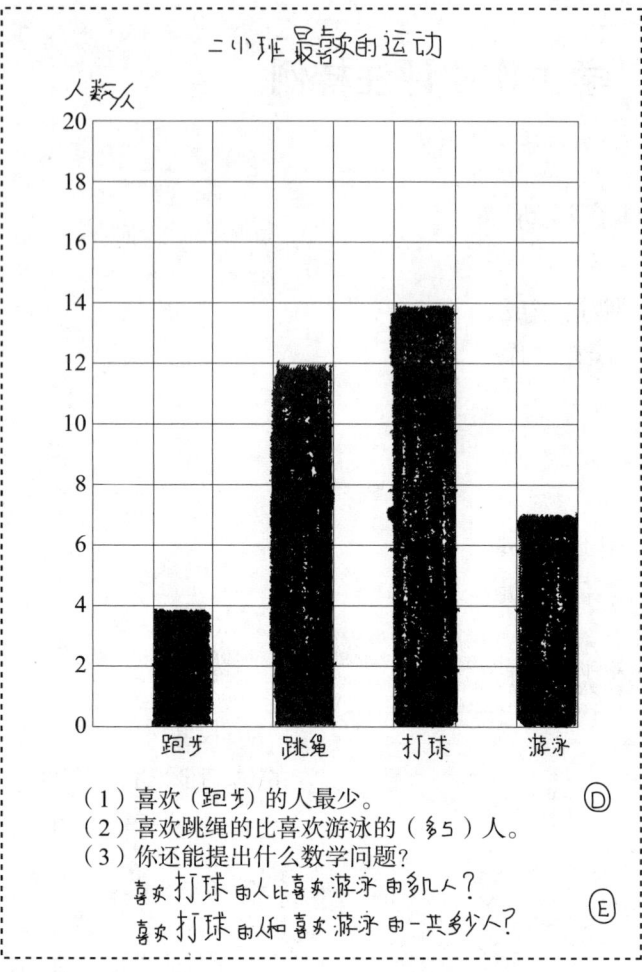

根据统计图表分析数据蕴含的信息。

能根据统计图表中的信息提出数学问题。

本作业评价的维度

M1S_D2 应用"简单的收集和整理数据" Ⓐ Ⓑ Ⓒ

M1S_D3 理解"简单的分析数据" Ⓓ Ⓔ

教师评注：学生完成作业情况

◇ 能进行简单的数据收集、数据整理和数据分析。

◇ 数据在图表中得到简单而清晰的表达。

◇ 完成作业的过程清晰、规范。